Viipurin lääninvankila 1917 - 1918

Joukkomurha lääninvankilassa

27.–28.4.1918

© 2018 Seppo Marttinen
Kustantaja: BoD – Books on Demand, Helsinki, Suomi
Valmistaja: BoD – Books on Demand, Norderstedt, Saksa

ISBN: 978-952-800-067-9

Sisällysluettelo

Lukijalle

3. Sisällissota ja vankilat s.36

4. Viipurin lääninvankila sisällissodan aikana s.44

5. Viipurin lääninvankilan murhenäytelmä s.58

Lukijalle

Tämä kirja kuvaa Viipuria vankilakaupunkina. Kirja sisältää kuvauksen Viipurin eri vankiloista ja lääninvankilan kehittymisestä 1910-luvulla Suomen suurimmaksi lääninvankilaksi. Viipurin lääninvankilan murhenäytelmästä, jota pidetään kirjallisuudessa yhtenä sisällissodan suurimmista joukkomurhista, kirjoittaminen ilman kuvausta vuoden 1917 ja sitä edeltäviin tapahtumiin Viipurissa, ei antaisi kokonaiskuvaa Viipurista myös vankilakaupunkina Suomen itsenäistymisen ja sitä seuranneen sisällissodan aikana.

Viipurin lääninvankilan joukkomurhasta 27.–28.4.1918, jolloin lääninvankilassa surmattiin siellä punaisten vankeina olleet 30 henkeä, kirjoitettiin paikkakunnan lehdissä runsaasti. Yksityiskohtainen kuvaus vankilan tapahtumista oli luettavissa lehdistä jo seuraavina päivinä. Myös uhrien hautajaiset 12.5.1918 saivat runsaasti palstatilaa lehdistössä. Joukkomurhia tutkittiin ripeästi ja murhiin osallisia kuulusteltiin heti tapahtumien jälkeen. Etsivä keskuspoliisi jatkoi tutkimuksia aina 1920-luvulle asti.

Vuoden 1918 tapahtumista on kirjoitettu paljon. Viipurin lääninvankilan tapahtumista ei lopulta kuitenkaan kirjallisuudessa kovinkaan paljon. Vuonna 1926 ilmestyi Kaarlo Castrenin kirjoittama kirja " Punaisten hirmutyöt vapaussodan aikana – sitä varten, että totuus ei unohtuisi". Kirja on poliittisesti värittynyt ja lääninvankilan tapahtumien osalta varsin puutteellisesti esitetty. Castren mainitsee kirjassaan nimen Emil Ihalainen, jonka hän kertoo olleen yksi joukon pääjohtajista.[1] Emil Ihalaisen osuutta lääninvankilan tapahtumiin on tässä kirjassa selvitetty.

Myös vuonna 1927 H.J. Boströmin teos " Sankarien muisto" sivuaa lääninvankilan tapahtumia kertoessaan surmansa saaneiden elämäkertoja.

Merkittävin sisällissodan jälkeen julkaistu tutkimus on professori Jaakko Paavolaisen vuonna 1967 kirjoittama teos "Poliittisen väkivaltaisuudet Suomessa

---

[1] Castren, Kaarlo. 1926. Punaisten hirmutyöt vapaussodan aikana.

1918." Teos sisältää myös tutkimuksen Viipurin lääninvankilan tapahtumista. Paavolainen pyrkii tutkimuksessa selvittämään myös verityön taustoja. Hän esittää kirjassaan ajatuksen, että lääninvankilaan tunkeutuneen punakaartilaisjoukon tehtävänä olisi ollut vain muutamien poliittisten valkoisten vankien ampuminen ja sen jälkeen muiden vieminen keskuskasarmille. Muut murhat Paavolainen laski kuuluneen joukon päihtymyksen tiliin.[2] Tutkimuksesta selviää myös, että punakaartilaisjoukon johtajana toimi Hjalmar Kaipiainen.

Jari ja Jouni Eerolan teos " Henkilöstötappiot Suomen sisällissodassa 1918", joka julkaistiin 1998, sisältää kuvauksen lääninvankilan murhista. [3] Teos täydentää Jaakko Paavolaisen tutkimusta.

Samoin 1998 julkaistu Marko Tikan ja Antti Arposen kirjoittama " Koston kevät. Lappeenrannan teloitukset" kertoo tapahtumista. Paitsi tapahtumien kulkua on teoksessa laajemmin kerrottu yksityiskohtaisemmin punakaartilaisjoukon kokoonpanosta ja heidän kohtaloistaan veritöiden jälkeen.[4]

Viimeisin merkittävä tutkimus Viipurin lääninvankilan tapahtumista 1918 on Teemu Keskisarjan kirjassa " Viipuri 1918". Keskisarja kuvaa taitavasti tilannetta Viipurissa huhtikuussa 1918 ja vankilan sijoittumista sodan loppuajan tapahtumiin. Keskisarja tuo kirjassaan esille myös syyllisyyskysymykset ja hän pohtii myös tekojen motiiveja. Kirjassa piirtyy kuva punakaartilaisjoukon päälliköstä Hjalmar (Jallu) Kaipiaisesta ja Albin Piskosesta, joka Kaipiaisen haavoituttua lääninvankilassa johti veritöitä sekä korostetusti myös Emil Ihalaisesta, jonka osuus tapahtumien kulkuun on jäänyt vähemmälle tarkastelulle aikaisemmissa tutkimuksissa.[5]

---

[2] Paavolainen, Jaakko. 1967. Poliittiset väkivaltaisuudet Suomessa 1917 -1918.

[3] Eerola, Jari ja Jouni. 1998. Henkilöstötappiot Suomen sisällissodassa 1918.

[4] Tikka, Marko. Arponen, Antti. 1998. Koston kevät. Lappeenrannan teloitukset.

[5] Keskisarja, Teemu. 2013. Viipuri 1918.

Olen aikaisemmissa kirjoissani " Viipurin lääninvankilan historia" ja " Suomen vankilat 1918 - Vankiloiden toiminta v. 1918 sisällissodan aikana" kertonut Viipurin lääninvankilan joukkomurhista.

Kiinnostukseni Viipurin lääninvankilan murhenäytelmään, tapausten kulkuun, murhiin osallistuneiden punakaartilaisten henkilöhistoriaan, teon motiiveihin ja etenkin murhenäytelmän avainhenkilöinä toimineiden Hjalmar Kaipiaisen, Albin Piskosen ja Emil Ihalaisen rooliin tapahtumien kulussa, vei minut uudelleen arkistojen pariin jatkamaan tutkimuksiani

Entisenä vankilanjohtajana kiinnostukseni kohdistui myös vankilan henkilökunnan toimintaan ja itse vankilan toimintaan. Virkamatkoillani aina 1990-luvun alkupuolelta lähtien sain tutustua Viipurin lääninvankilan tiloihin, jotka osittain olivat säilyneet entisellään. Tämä mahdollisti minulle mahdollisuuden luoda käsitykseni tapahtumien kulusta huhtikuun lopulla 1918 tapahtumien paikan päällä. Mainitsematta en voi jättää myös sitä, että olen syntynyt Viipurissa, mikä lisää kiinnostustani kaupungin historiaa kohtaan.

Tämä kirja pohjautuu tarkennettuihin ja uusiin asiakirjoihin. Näitä ovat olleet; Jallu Kaipaisen ym. kuulustelupöytäkirjat, joita ei ole aikaisemmin ollut tässä laajuudessa käytettävissä sekä Otto Vanhalan ja Maurits Karilan muistelmat. Hjalmar Kaipiaisen valokuva löytyi Turun maakunta-arkistosta. Hänen kuvaansa ei ole ollut aikaisemmin käytettävissä.

Tämä kirja on yksityiskohtaisin kertomus, mitä on tehty tuon illan ja yön tapahtumista. Olen kirjassa esittänyt oman käsitykseni tapahtumien kulusta, syistä ja taustoista henkilöineen. Kirja sisältää uutta tietoa tapahtumista, henkilöistä ja syistä murhenäytelmään. Se on myös kuvaus vankilan toiminnasta Viipurissa 1917–1918.

Hämeenlinnassa 10 pnä huhtikuuta 2018.

Seppo Marttinen

1. Viipurin vankilat ennen vuotta 1917

1.1. Viipurin vanha linna vankilana

On oletettavissa, että Viipurin vanhassa linnassa on ollut sen alkuajoista lähtien, kuten muissakin Suomen vanhoissa linnoissa, jonkinlainen vankila, säilytyspaikka rikoksiin tai häiriköintiin syyllistyneitä tai mahdollisten vastustajien säilyttämistä varten siihen asti, kunnes asia oli tutkittu ja rangaistus määrätty. Olot noina aikoina olivat varsin rauhattomat, väkivaltaiset ja raa`at. Linnanisännät olivat alueella itsevaltiaita, jotka paitsi puolustivat linnaa vihollisilta, hoitivat useasti myös oikeudenkäyttöön liittyvät asiat.

Alkuaikoina vankilana lienee käytetty Pyhän Olavin tornin maanalaista kerrosta. Ensikerroksessa on nähtävissä kaksi ikkunakomeroa, joista oikeanpuoleisen permannossa on puuluukuilla peitetty 7.5 metriä syvä kuilu. Tämä parahiksi miehen levyinen aukko laajenee pohjaosastaan pieneksi komeroksi, jota ehkä aikanaan on käytetty vankiluolana, johon uhrit nähtävästi on laskettu nuoran varassa.[6]

Näissä tiloissa lienee toiminut 1400-luvulla kuningas Kristofferin maanlaissa mainittu " kuninkaan vankila". Sitä voidaan pitää ensimmäisenä pysyväisenä vankien sijoituspaikkana Viipurin linnassa. Siellä pidettiin tuona aikana pitsi tutkintavankeja myös jossain määrin sakonsovittajia ja ruumiinrangaistuksesta armahdettuja pahantekijöitä. [7]

1400- luvun keskivaiheilla toteutettiin linnassa laajoja rakennustöitä. Linnaa mm. vahvistettiin muureilla ja torneilla. 1500 luvun tilikirjoissa mainitaan vankitorni.

---

[6] Raekallio, Ilmari. 1928. Wiipurin linna; sen vaiheet ja nähtävyydet.
[7] Virtanen, Veikko. 1944. Suomen vankeinhoito 1 osa.

Tuon tornin, joka sijaitsi miltei nykyisen sisäänkäynnin kohdalla, jäännökset näkyvät muurissa pyöreänä ulkonevana. Tornin ovi oli raudoitettu 16 ratsumiehen haarniskan rintakappaleilla. Niin sanottu luukkuovi johti alatorniin, jonne tuomitut laskettiin nuoran varassa.[8]

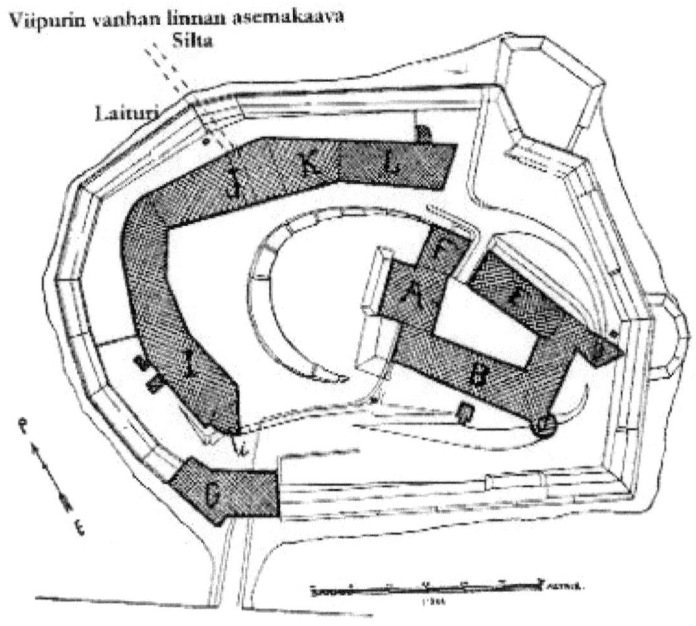

A. Pyhän Olavin torni. B ja E. päärakennuksen muut osat.
F. varastorakennus. G. porttirakennus. I. varastorakennus,
J. vankilarakennus. K ja L. varastoja ja i vankitorni

---

[8] Raekallio, Ilmari. 1928.

Hallinnollisen lääninjaon yhteydessä 1634 aloitti Viipurin linnassa toimintansa Viipurin lääninvankila. Vankila toimi osittain 1600-luvulla ja 1700 luvulla rakennetuissa linnan läntistä ja pohjoista puolta reunustavassa kivirakennussarjassa. Rakennuksen läpi on johtanut holvikäytävä rantavallille ja rantaan[9], jossa sijaitsi laituri pyykinpesua varten. 1800-luvulla holvikäytävän kohdalta rannasta johti silta Siikaniemelle. Silta lienee ollut yksinomaan linnan väen käytössä; jouduttiinhan juomavesi ajoittain kuljettamaan Siikaniemestä ja Neitsytniemestä. Lisäksi vankilalla saattoi olla vankien kuljettamista varten tarvetta sillalle. Linnassahan ei ollut vangeille saunaa, vaan vangit jouduttiin kuljettamaan vuokrasaunaan linnan ulkopuolelle.

Tarkkoja tietoja linnassa pidettyjen vankien määristä 1700-luvulla ei ole saatavissa. Vankimäärät kuitenkin lisääntyivät vankeusrangaistusten käytön lisääntyessä. Vaikka Viipuri kuului Venäjän valtakuntaan, siellä noudatettiin varsin pitkälti Ruotsin vuoden 1734 lakia, jossa vankeusrangaistusten määrä eri rikoksista lisääntyi. Lievistä rikoksista rangaistiin rahasakoilla ja ruumiinrangaistuksilla, vakavammista määrättiin kuoleman- ja vapausrangaistuksia. usein ruumiin- ja häpeärangaistuksiin yhdistettyinä, sekä maasta karkottamista.

Vuoden 1710 valloituksen jälkeen linna pääsi pahasti rappeutumaan. Siellä suoritettiin vain välttämättömät korjaustyöt. Vankila jatkoi kuitenkin toimintaansa.

---

[9] Raekallio, Ilmari. 1928.

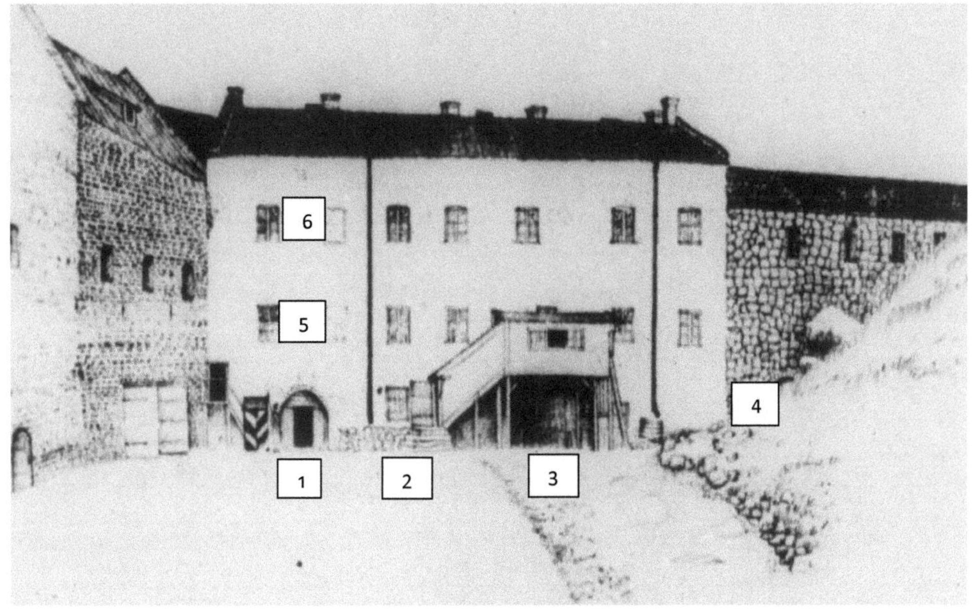

Viipurin linnan esipihan rakennus, jossa vankila toimi 1872.

1. Sisäänkäynti eteiseen, jonka takana oli vankilan toimisto.
   Eteisestä oikealle sijaitsi vartijahuone
2. Vartijahuoneen ulkopuolella olevat portaat johtivat toiseen
   kerrokseen.
3. Porttiholvi, joka johti rantaan. Holvista oikealle oli ovi vankilan
   keittiöön ja leipomoon.
4. Vankilan käymälätilat
5. 2. kerroksessa vahtimestarin asunto, 4 vankihuonetta.
6. 3. kerroksessa sijaitsi vartijoiden päivystyshuone, jota käytettiin
   myös kirkkona, pieni kirjasto ja 9 vankihuonetta.

Linnan esipihan rakennus v. 2004. Kuva: Seppo Marttinen

Kun vuosien 1808–1809 sodan aikana yhteydet katkesivat Ruotsiin ja Suomi liitettiin Venäjään, venäläiseltä taholta ryhdyttiin tämän jälkeen järjestämään Suomen vankeinhoitoa. Vuonna 1809 määrättiin hallituskonseljin taloustehtäväksi mm. vankiloiden valvonta. Konseljin puheenjohtajana toimi kenraalikuvernööri, jonka tehtävä oli myös valvoa vankiloiden toimintaa mm. tekemällä kaksi kertaa vuodessa tarkastusmatkoja vankiloihin. Kenraalikuvernöörin apuna valvontatehtävissä oli prokuraattori.

Hallituskonselji, jonka nimi muuttui 1816 senaatiksi, antoi läänien maaherroilta saamiensa selvitysten perusteella kiertokirjeen, jossa annettiin määräyksiä mm. vankihuoneista, sairaalasta, kirkkosalista, vankien ylöspidosta ja työnteosta.

Samassa yhteydessä annettiin ohjesääntö vankiloiden vahtimestareita ja vartijoita varten. Nämä määräykset senaatti hyväksyi 1818.

Viipurin lääninvankilan käytössä oli 1800-luvun alkupuolella vanhassa linnassa 14 huonetta. Huoneet oli jaettu siten, että kahta niistä käytettiin sairaalana, kahdessa pidettiin vesi-leipävankeja, kahdessa irtolaisia ja sakkolaisia ja lopussa kahdeksassa tutkintavankeja.

Keskimäärin pidätettyjä oli 1800-luvun loppupuoliskolla 120 ja vartijahenkilökuntaa 12. Tarvittaessa vankien valvontaan saatiin avuksi venäläisiä sotilaita. Johtaja eli linnan vallesmanni oli ainoa virkamies, kansliahenkilökuntaa ei ollut. Johtaja suoritti sekä aamu- että iltatarkastukset vankilassa.

Kurinpitorikkomuksista määrättiin joko raippa- tai vesileipärangaistus. Joskus rikkomuksiin syyllistynyt määrättiin pidettäväksi liiviraudoissa, joiden lyhyin kantamisaika oli 2 viikkoa. Niitä pidettiin määräysten mukaan yötä päivää.

Aamutarkastuksen jälkeen alkoivat työt. Naiset neuloivat vaatteita ja parsivat ja paikkasivat vanhoja vaatteita. Miehet tekivät suutarin-, räätälin- ja puusepäntöitä.

Keskipäivällä aterioitiin. Järjestely oli erikoinen. Pidätetyt saivat kukin tietyn summan ns. portsurahaa, joka annettiin shekkeinä. Ne kelpasivat ainoastaan linnassa sijaitsevaan vankilan vallesmannin kauppapuotiin. Sieltä sai kukin ostaa, mitä oli saatavilla ja mihin rahat riittivät. Ruoka oli sitten itse valmistettava. Kerrotaan, että vankilan pyykkituvassa olleen kolme suurta pataa tulella ja vesi kiehuen. Vangilla oli kullakin oma keppinsä. Siihen ripustettiin perunoita sisältävä pieni vaatepussi, joka upotettiin veteen. Perunoiden kypsyttyä ne nostettiin padasta syötäviksi. Joskus vangit saattoivat ostaa valmista keittoa, joka oli pääasiassa hernekeittoa.[10]

---

[10] Kettunen, Kyösti. 1992. Tiilenpuremat.

1.2. Pantsarlahden työ- ja ojennuslaitos 1831–1881

Viipurin vanhassa linnassa sijainneen lääninvankilan rinnalle perustettiin v. 1831 Viipurin Pantsarlahden työ- ja ojennuslaitos. Työ- ja ojennuslaitoksen perustamiseen vaikutti irtolaisten ja pikkurikollisten määrän kasvu 1800-luvun alkupuolella sekä vapausrangaistuksen käytön lisääntyminen.

Irtolaisiksi katsottiin lähinnä ilman luvallista ammattia ja palveluspaikkaa olevat henkilöt. Tällaisiksi luettiin mm rikoksista rangaistut työttömät, maankiertäjät, mustalaiset, luetteloista poistetut sotilaat, paikkakunnalla luvattomasti oleskelevat, työstään erotetut palkolliset ja kiertelevät käsityöläiskisällit. Tällaiset henkilöt voitiin sulkea työlaitoksiin. Myös sotaväen rikoslain perusteella voitiin mm varkauteen syyllistynyt määrätä työlaitokseen.

Aloite työ- ja ojennuslaitoksen perustamiseksi Viipuriin lähti alun perin läänin asukkaista. Idea lienee saatu Ruotsista, minne työlaitoksia oli perustettu vapaaehtoisvoimin. Rahaa oli saatu kerättyä vuoteen 1819 työlaitosta varten yli 10.000 ruplaa. Kun tähän yhdistettiin muut rahastot, voitiin maaherra K.J. Walleenin johdolla ostaa Viipurin Pantsarlahdesta entinen rokotustalo. Työ- ja ojennuslaitos sijoittui Viipurin entisen Kauppaoppilaitos ja merenkulkukoulun viereen Mallaskadun korttelirivin länsikulman ulkopuolelle meren puolelle. Virallisesti työ- ja ojennuslaitos aloitti toimintansa 1831.[11]

Laitoksen johdossa oli kymmenjäseninen johtokunta, jonka jäsenistä puolet valittiin Viipurin kaupungin porvarien keskuudesta. Henkilökuntaan kuului päällysmiehen, vahtimestarin ja kuuden vartijan lisäksi lääkäri saarnaaja ja kirjanpitäjä.[12]

---

[11] Ruuth, J.V. 1981. Viipurin kaupungin historia Iv osa 2 .
[12] Virtanen, Veikko. 1944.

Laitokseen kuului useita rakennuksia. Asuin – ja työtiloja oli 60 hengelle. Lisäksi olivat tarvittavat ruokailu-, sairaanhoito- ja jumalanpalvelustilat. Myös henkilökunnan asuin tilat olivat alueella.

Laitoksessa tehtiin maatöiden ja välttämättömien taloustöiden ohella muun muassa räätälin, suutarin, sepän ja kivenhakkaajan töitä. Ojennuslaitokseen perustettiin myös tiiliruukki, jonka tuotteita vietiin huomattavia määriä Viipurin kaupunkiin. Maanviljelys- ja puutarhatyöt tehtiin työlaitoksen maihin kuuluneille Uudenkartanon ja Maaskolan tiloilla. Uudenkartanon tilalle perustettiin myös 40 tyttöä ja poikaa varten tarkoitettu kasvatuslaitos.

Laitoksessa olevat jaettiin kahteen luokkaan. Ensimmäiseen luokkaan sijoitettiin ne, jotka aikaisemmin eivät olleet kärsineet ruumiinrangaistusta ja toiseen luokkaan ne, jotka aikaisemmin olivat olleet ojennuslaitoksessa tai kärsineet ruumiinrangaistuksen. Hoidokeilla oli laitosvaatetus. Jokaisen hoidokin suorittama työ arvioitiin ja jokaisen oli ansaittava vähintään ylläpitokustannusten verran. Ylijäämän sai pitää itsellään.

Työpäivä alkoi joko kello 4 tai 5 riippuen luokasta. Kello 8 oli aamuhartaus ja päivällistauko keskipäivällä, jonka jälkeen jatkettiin työntekoa aina kello 7 illalla. Kun illallinen oli syöty, pidettiin iltahartaus. Sunnuntai oli vapaapäivä - vain hartaustilaisuuksiin piti osallistua.

Viipurin työ- ja ojennuslaitoksen toiminta lopetettiin 1882. Lopettamisen vaikutti irtolaisten määrän vähentyminen irtolaiskäsitteen supistamisen vuoksi. Lopettamiseen vaikutti myös se, että Lappeenrannan kehruuhuoneeseen sijoitetut naisvangit siirrettiin 1881 Hämeenlinnan ja Lappeenrantaan ryhdyttiin sijoittamaan miehiä.

Työ- ja ojennuslaitoksen perustaminen ja toiminta loi perustan ja oli sovellutusväylä niille vankilareformin ajatuksille, joita 1820-luvulla esitettiin ja jotka toteutettiin 1860-luvulla.

1.3. Suunnitelmat uuden lääninvankilan rakentamiseksi 1870–1881

Valistusfilosofian uusien ajatusten myötä 1800-luvun alkuaikoina muodostui myös rangaistusjärjestelmän uudistaminen ajankohtaiseksi. Valitsevassa asemassa olevien kuoleman-, ruumiin- ja häpeärangaistusten sijaan haluttiin ottaa käyttöön entistä enemmän vapausrangaistuksia. Vaikka rangaistuksen tarkoituksena oli rikoksentekijän säilyttämien vankilassa ja ahkerassa työnteossa, tavoitteena oli myös rikoksentekijän parantaminen ja kasvattaminen. Rangaistus tuli panna täytäntöön vangin asteettaisen edistymisen eli progressiivijärjestelmän mukaisesti. Järjestelmän mukaan vanki vankilassa vähitellen ahkerasti töitä tehden tai opiskellen ja hyvän käytöksen perusteella paransi mahdollisuuksiaan selvitä vapaassa yhteiskunnassa vapautumisen jälkeen.

Rikoslain uudistamista käsiteltiin vuoden 1863–1864 valtiopäivillä. Senaatti suhtautui myönteisesti esitykseen, mutta se huomautti, että jos ehdotetut rangaistusjärjestelmän muutokset pantaisiin täytäntöön, olisi rakennettava uusia vankiloita. Senaatti esittikin, että perustettavaksi toimikunnan, jonka tehtävänä oli perehtyä vankiloihin ja laatia suunnitelma niiden kunnostamisesta ja uudelleen rakentamisesta. Komitea, jonka puheenjohtaja toimi hovioikeuden asessori Adolf Grotenfelt, aloitti työnsä 1865. Komitea kiersi kaikki Suomen vankilat ja antoi yksityiskohtaisen kuvauksen niiden toiminnasta muutoksien tarpeesta. Ehdotus rakentui kuitenkin pääasiassa vanhojen vankilarakennusten korjaamiseen ja tarvittavien lisärakennusten rakentamiseen.

Viipurin linnan osalta ehdotus käsitti vanhan linnan ottamista lähes kokonaan vankilakäyttöön. Myös Pantsarlahden työ- ja ojennuslaitoksen tiloja tuli ehdotuksen mukaan laajentaa siten, että laitos olisi saattanut ottaa vastaan 90 vankia.[13]

---

[13] Grotenfelt,A & Ehrström,G. 1866. Undernådig berättelse om tillståndet i Finlands fängelser jemte förslag till provisionell reform af detsamma.

Komitean ehdotukset, vaikka hallitsija myönsikin varoja vankiloiden korjaamiseen, eivät toteutuneet sellaisenaan. Vuoden 1872 valtiopäivillä asiaa käsiteltäessä myönnettiin määrärahoja uusien vankiloiden rakentamiseksi, mutta valtiopäivät edellyttivät yleisluontoisen suunnitelman tekemistä vankilareformin asteettaista toteuttamista silmällä pitäen. Uusi komitea asetettiinkin ja se antoi lausuntonsa 1873.

Komitea esitti mietinnössään varsin laajan vankilarakennusten rakentamisohjelman, joka sisälsi mm. uuden koppirakennuksen rakentamisen Turun kuritushuoneeseen, koppirakennuksen sekä vanhempien rakennusten muutoksia Lappeenrannan kehruuhuoneeseen, koppirakennuksen sekä muutoksia Helsingin lääninvankilaan, uuden kuritushuoneen rakentamista Helsinkiin, muutoksia Kuopion ja Nikolain kaupungin lääninvankiloihin sekä uudet vankilahuoneet Viipuriin, Ouluun, Turkuun ja Hämeenlinnaan.[14]

Komitea piti Viipurin lääninvankilan rakentamista ensisijalla. Komitea määritteli tulevan lääninvankilan suuruudeksi 75 selliä. Tiilirakenteiseen sellirakennukseen esitettiin viittä työ- ja varahuonetta sekä taloussiipeä, johon tulisi sairashuone sekä suurempi sali koulun ja kirkon yhteiskäyttöön. Lisäksi esitettiin rakennettavaksi tiilinen toimistorakennus, välttämättömät ulkorakennukset ja muuri vankilan ympärille. Kustannusarvio oli 293 000 markkaa.[15] Vankilarakennuksen ensimmäiset piirustukset laati arkkitehti Ludvig Isak Lindgvist vuonna 1878.

---

[14] Virtanen, Veikko. 1944.
[15] Komiteamietintö 1873.

1.4. Uuden lääninvankilan rakentaminen Papulaan 1881–1884

Viipurin lääninvankilan rakennustyö aloitettiin maaliskuussa 1881. Sitä ennen oli tehty tarvittavat rakennusten suunnittelutyöt sekä valittu lopullisesti tulevan lääninvankilan sijaintipaikka. Paikaksi valittiin Papulan alue, kuten silloin todettiin " kaupungin vierestä".

Vankila rakennettiin ryytimaanhaltija Dunajeffin tontille n:o 287 Papulan kaupunginosaan. Vankilan viereen, sen luoteispuolelle, rakennettiin samaan aikaan vuosina 1881- 1884 puiset kasarmirakennukset harjoituskenttineen suomalaiselle Viipurin pataljoonalle.[16]

Rakennuspiirustukset oli laatinut v. 1879 Yleisrakennusten ylihallituksen yliarkkitehti Isak Ludvig Lindgvist, jolle kuuluu kunnia ulkomailta meille omaksutun sellivankilaidean kansainvälisiin sovellutuksiin pohjautuvien periaateratkaisujen omaperäisestä mukauttamisesta täkäläiseen rakentamiseen ja arkkitehtikulttuurin oloihin. [17]

Rakennuspiirustuksissa oli luovuttu erillisen toimistorakennuksen rakentamisesta ilmeisesti kustannussyistä ja kaikki tarvittavat toimistotilat oli sijoitettu itse vankilarakennukseen. Vankilarakennus oli ristinmuotoinen, eli rakennuksen keskiosasta aukenivat eri suuntiin siipirakennusosat. Ilmansuuntien mukaan

---

[16] Ruuth, J.W. 1981.

[17] Lindgvist syntyi Uudessakaarlepyyssä 3.10.1987 ja kuoli Helsingissä 2.2.1894. Hän teki poikkeuksellisen mittavan virkauran rakennushallinnossa; Intendenttikonttorin oppilaana (1849-), Turun lääninkonduktöörinä (1853-), Oulun lääninarkkitehtina (1855-), Yleisten rakennusten ylihallituksen 1. arkkitehtinä (1868-), Uudenmaan lääninarkkitehtina ja ylihallituksen yliarkkitehtina (1875-) ja Rakennushallituksen ylitirehtöörinä (. 1882-1887). Hän on suunnitellut mm. kasarmeja. kirkkoja, raatihuoneita ja koulutaloja. Lindgvist oli myös mukana Grotenfeltin ja Ehrstrrömin tarkastusmatkalla Suomen vankiloihin 1865.

ryhdyttiin puhumaan etelä-, itä- ja pohjoispäästä ja taloussiivestä. Rakennuksen ristinmuotoista pohjaratkaisua puolsi se, että näin muun muassa etelä- ja pohjoispään osastoja voitiin valvoa rakennuksen keskeltä molempiin suuntiin. Koska käytävät kerrosten välillä olivat keskeltä avoimia, osastoja voitiin valvoa myös alhaalta ylöspäin ja päinvastoin. Poikkeuksen tästä teki itäpäähän sijoitettu naisvankien osasto, joka oli rakenteellisesti eristetty muusta vankilasta.

Vankilarakennuksen rakennustyö aloitettiin kaivamalla perustukset. Perusta täytyi kellarikerroksen ja maan laadun takia kaivaa syvälle. Vaikeuksia lisäsi lähteen löytyminen juuri perusmuurin kohdalla. Ongelma saatiin kuitenkin ratkaistuksi ja erittäin suureksi mainittu lähde saatiin siirrettyä muurin sisäpuolelle ja se onnistuttiin hyödyntämään vankilan vedenottopaikkana.
Kellarikerroksen valmistuttua aloitettiin muiden kerrosten rakentaminen kesällä 1882 ja syksyllä saatiin valmiiksi rakennuksen katto ja voitiin aloittaa sisätyöt. Viimeistellyt sisämaalaustyöt suoritettiin syksyllä 1883. Samanaikaisesti vankilarakennuksen töiden kanssa rakennettiin johtajan ja vartijoiden asuinrakennuksia. Viimeisenä tehtiin paaluaita vankilan ympärille ja ajotie aidan pohjoispuolelle.[18]

1.4. Lääninvankilan valmistuminen 1884

Lääninvankila valmistui kevättalvella 1884. Rakennustyötä pidettiin yhtenä suurimmista, jonka valtio oli tällä seudulla toteuttanut. Vankilarakennus, samanaikaisesti rakennetut johtajan ja henkilökunnan asuinrakennukset tulivat maksamaan 480.000 markkaa. Vertailun vuoksi voidaan todeta, että esimerkiksi suunnilleen samaan aikaan eli v. 1886 valmistunut keskuskansakoulu maksoi 400.000 markkaa ja vähän myöhemmin vuosina 1891–1893 Viipurin tuomiokirkko 449.00 markkaa.[19]

---

[18] lääninvankilan vuosikertomus 1882 ym.KA
[19] Ruuth J.W. 1981.

Viipurin lääninvankila 1884. Kuva: vankilamuseo.

Vankilan rakentaminen, suuret kustannukset ja uudenlaisen vankilatoiminnan aloittaminen herätti keskustelua ja arvosteluakin viipurilaisten keskuudessa. Kirjoitettiin palatsimaisesta koppivankilasta, mutta myös vankeinhoidon uusista tehtävistä rakentavaan sävyyn.

Uudesta vankilasta kirjoitettiin runsaasti paikallisessa lehdistössä. Östra Nyland niminen sanomalehti kirjoittaa 27.2.1884 käynnistä uudessa vankilassa. "Menemme sisään aistikkaan pääoven kautta, joka avautuu soitettuamme kelloa. Nyt saavumme rakennuksen taloussiipeen, jossa heti vasemmalla on portinvartijan huone ja oikealla tapaamishuone vangeille ja heidän vierailleen. Keskustelu käydään kalterein varustetusta luukusta tai aukosta. Menemme eteenpäin ja tulemme keittiöön ja leipomoon. Tämä on varustettu kahdella valtavalla uunilla. Keittiöstä löytyy paitsi kaksi suurta muuripataa myös luonnollisesti vesijohto ja viemäri. Keittiön lähellä sijaitsevat ruokahissit kaikkiin kerroksiin, joihin pidettiin yhteyttä erityisen puhetorven kautta. Ruokavarastoa ei myöskään ollut unohdettu.

Keittiöstä johtaa erilliset raput kellariin polttopuiden ym. noutoa varten. Kellarissa on myös sauna, kaksi pesuhuonetta sekä pesula.

Taloussiiven käytävän päästä on portaat toiseen kerrokseen, jossa on suuri valoisa tutkimus- ja koulusali, kansliahuone, sairashuone ym. Tästä kerroksesta johtavat portaat kolmanteen kerrokseen, jossa sijaitsevat kirjastohuone ja yksinkertaiset mutta vaikuttavat sakaristo ja kirkko. Erikoisen huomattavia ovat kaksi nk. sellipenkkiä, joissa vaikeimmat vangit istuvat omissa lokeroissaan jumalanpalveluksen ajan ovien takana.

Jätämme taloussiiven ja avaamme isolukkoisen rautapäällysteisen oven vankilasiiven ensimmäiseen kerrokseen ja tulemme tilavaan asfaltilla päällystettyyn käytävään, joka johtaa rakennuksen päästä päähän. Toinen käytävä kulkee poikittain, sillä rakennus on tehty ristinmuotoon. Käytävä on avoin kerrosten välillä. Kiviset puoliympyränmuotoiset kierreportaat johtavat kahteen ylempään kerrokseen. Molemmista pääsee kerrosten seinustalle kannakkeiden varaan rakennettuihin käytäviin, mikä mahdollista koko käytävän tarkkailun. Molemmin puolin ovat sellit, joista jokainen on n. 6 kyynärää pitkä, 3,5 kyynärää leveä ja 5 kyynärää korkea. Kaikissa on pieni korkealle sijoitettu ikkuna. Selleissä on asfalttilattia sekä ilmanvaihtoa varten ilmanvaihtokanaalit seiniin upotettuina. Sellien lämmitys hoidetaan vesikeskuslämmityksellä. Klosettiastia on saatavissa jokaisessa sellissä piilotettuna seinässä olevassa ilmastoidussa ovellisessa kolossa.

Vankilan itäisessä siivessä sijaitsevat naisvankien sellit, 23 kaikkiaan. Osasto on erotettu miesten osastoista rautapäällysteisellä ovella.

Erilliset kävelypihat korkeine seinineen olivat vankilarakennuksen ulkopuolella vankien päivittäistä ulkoilua varten."

Lopuksi lehti kirjoittaa; " Kaiken sen perusteella, mitä oli nähtävissä, on kaikki työ tehty mitä suurimmalla huolella ja tarkkuudella eikä sellivankien karkaamiset tästä vankilasta ole helppoja. Kaikki sellit ovat vahvoja ja tukevia sekä arkkitehdin ilmoituksen mukaan varustettu nk. turvalaitteilla, joiden ei pitäisi olla tiirikoitavissa." [20]

Wiborgsbladet sanomalehti puolestaan kirjoitti 14.5.1884; "Vankien muutto uuteen Papulassa sijaitsevaan sellivankilaan tapahtui eilen aamulla. Meille on tiedotettu seuraavaa; Vankilan johtajan johdolla ja uniformupukuisten vartijoiden ja sotilaiden vartioimina muuttivat eilen aamupäivällä tähän asti linnanvankilassa olleet vangit nykyiseen sijoituspaikkaansa, ajanmukaiseen sellivankilaan Papulaan, joka äskettäin tarkastettiin. Yksi muinaisista, nykyisin kaikkialla uudelleen järjestettyjen vankilajärjestelmien surullisimpia varjopuolia, nimittäin se, että tuomitut rikolliset ja valittajat, yhdyskunnan vanhat ja nuoret, häiriintyneet ja syyttömät onnettomat lapset, vankilassaoloaikana olivat yhdessä ja oppivat toisiltaan, on tällä tavalla saanut hyvin tarpeellisen ratkaisun. Ja varmasti on niin, että sekä koko yhteiskunta että erityisesti jokainen vanki tulee voittamaan tämän tarpeellisen uudistuksen toteutumisesta."[21]

---

[20] Östra Nyland. 27.2.1884
[21] Wiborgsbladet 14.5.1884

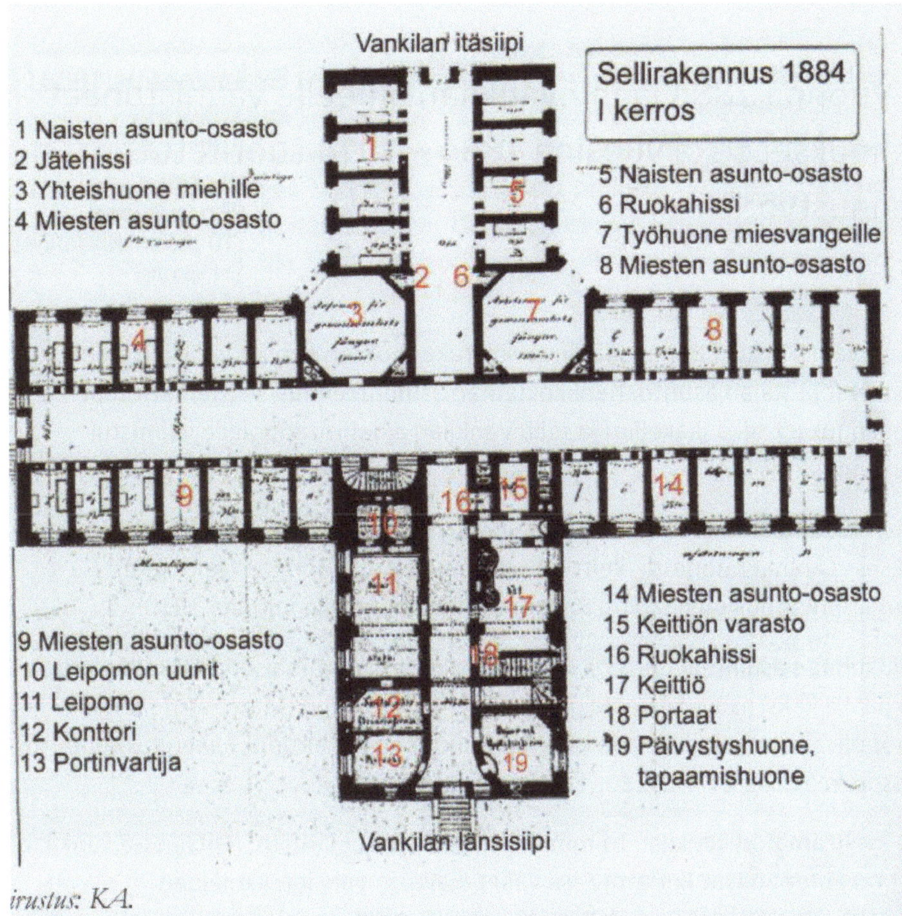

Pohjapiirros on vankilan I kerrokselta. Kaikkiaan kerroksia rakennuksessa oli 4. Alimpana oli kellarikerros, jossa oli pesutupa, kuivaushuone, mankelihuone, pukeutumishuone, pesu-mankelihuone, sauna ja varastoja. 1. kerros on kuvattu yllä. 2.kerroksessa olivat naisten- ja huoneita. 3. kerroksessa olivat asunto-osastojen lisäksi länsisiivessä vankilan kirkko. Rangaistussellit oli sijoitettu kolmelle kerrokselle keskiosaan. Piirustus: KA.

1.6. Vuonna 1884 lääninvankilan alueelle valmistuneet rakennukset sekä vuosina 1884 – 1914 suoritetut rakennustyöt

Lähes samanaikaisesti uuden lääninvankilarakennuksen kanssa vankilan alueelle valmistuivat johtajan asunto, henkilökunnan asuinrakennus, välttämättömät ulkorakennukset sekä jääkellari ja talli. Vankilan aidan sisäpuolelle valmistui pajarakennus.

Johtajan asuinrakennus oli hirsirakenteinen, yksikerroksinen ja käsitti asuin kerroksessa kolme huonetta, keittiön sekä suuren olohuoneen (salongin). Rakennuksen pituus oli n. 20 m. Rakennusta laajennettiin vuonna 1910.

Henkilökunnan asuinrakennus oli kolmikerroksinen. Alimmaisena oli kellarikerros ja sen päällä kaksi asuin kerrosta, joissa oli yhteensä kahdeksan asuntoa. Kaikki asunnot olivat samankokoisia ja käsittivät huoneen ja keittiön. Rakennus tuhoutui sisällissodan aikana 27.4.1918.

Paja oli välttämätön vankilan toiminnalle jo sen alusta lähtien. Paitsi, että vankilan monet rakenteet olivat korjattavissa vain pajalla, jo vankien kahleiden niittaaminen ja purkaminen edellytti pajassa käyntiä.

Vuosina 1895 – 1896 rakennettiin sairaala ja desinfiointirakennus vankilan aidan sisäpuolelle. Vankilan ympärillä ollut puuaita korvattiin tiilisellä ympärysmuurilla. Sairaalassa oli paikkoja naisvangeille 4 ja miesvangeille 10. Lisäksi olivat henkilökunnan huoneet sekä peseytymistilat. Desinfiointirakennus oli tarpeen mm. syöpäläistorjunnan ja sen kautta sairaalahygienian ja koko laitoksen hygienian kannalta.

Vuonna 1906 suoritettiin mittava vankilarakennuksen laajennustyö. Alun perin lääninvankilassa oli vankipaikkoja 131. Näistä paikoista 30 oli yhteishuoneissa. Vankilan vankimäärä kuitenkin kasvoi ja tarvittiin lisätilaa. Alkuperäisenä tarkoituksen oli jatkaa kaikkia kolme asuntosiipeä ja näin saada lisätilaa. Kuitenkin vuonna 1906 toteutettiin vain etelä- ja pohjoissiipien laajennuksella. Kumpaankin päähän tuli kolmeen kerrokseen 10 selliä lisää eli kaikkiaan kolmeen kerrokseen 60 selliä. Lisäksi muita tiloja muutettiin ja korjattiin paremmin toimintaan sopiviksi.

Vuonna 1910 rakennetiin erillinen työhuonerakennus muurin sisäpuolelle. Se katsottiin välttämättömäksi kohonneen vankimäärän ja vankien työllistämisen takia. Työhuonerakennuksen ensimmäiseen kerrokseen tulivat paja, koksivarasto ja maalaamo varastoineen. Toiseen kerrokseen tuli puusepänverstas.

Vuonna 1914 toteutettiin vankilarakennuksen itäsiiven laajennus. Se oli ollut suunnitelmissa jo vuoden 1906 laajennuksessa, mutta jätetty silloin tekemättä. Uusi osa tuli naisvankien osastoksi. Myös vankien kävelypihat uusittiin.[22]

1.7. Viipurin lääninvankilasta tulee Suomen suurin lääninvankila

Vuonna 1914 valmistuneen itäpään selliosaston laajentamisen jälkeen lääninvankilassa oli naisvankien osastolla sellejä kaikkiaan 35. Myös miesvankien sellien määrä kasvoi vuoden 1914 laajennuksen jälkeen 23 sellillä. Lopullisessa muodossaan Viipurin lääninvankilassa oli yhdelle miesvangille tarkoitettuja sellejä kaikkiaan 161 ja naisvangeille tarkoitettuja sellejä 35. Miesvangeille tarkoitettuja yhteishuoneita oli 6 kpl.

Alun perin tarkoituksena oli majoittaa yhdelle vangille tarkoitettuun selliin vain yksi vanki. Vankiluvun noustessa jatkuvasti vuoden 1914 jälkeen, jouduttiin yhden

---

[22] lääninvankilan vuosikertomukset. KA.

hengen selliin majoittamaan useampia vankeja. Myös yhteishuoneisiin sijoitettujen vankien määrää jouduttiin lisäämään. Näin menetellen virallinen vankipaikkaluku ei vastannut enää vankilan sellien lukumäärää.

Vuoden 1914 jälkeen Viipurin lääninvankilasta tuli Suomen suurin lääninvankila. Vuoden 1917 lopulla lääninvankilassa oli yli 400 vankia. Virallisia vankipaikkoja oli 259. Vankilan käyttöaste oli siis huomattavasti yli paikkaluvun eli pitkälti yli 150 %.

Pääosa Viipurin lääninvankilan vangeista oli tutkintavankeja, jotka tuomioon saatuaan siirrettiin muihin vankiloihin suorittamaan rangaistustaan. Vankilassa pidettiin myös vankeus- ja sakkovankeja. Vankeusvangit olivat vankilassa lähinnä välttämättömiä talous- ja ylläpitotöitä varten. Heidän rangaistusaikansa oli alle vuoden. Tutkintavankien ja irtolaisuudesta tutkittavien joukossa taasen oli monenkirjavampaa väkeä.

Vankilan päiväjärjestys vaihteli vuosittain jonkin verran, mutta muutokset olivat pieniä. Aamuherätys oli klo 06.30 ja siivottiin selli ja 06.45 oli aamuhartaus. Tavallisimmin joku vartija piti aamurukouksen toiselta kerrokselta käsin. Akustiikka oli mainio ja vartijan ääni kuului joka selliin. Aamuhartauden jälkeen oli aamiainen. Työaika oli 07.30 – 12.00. Vangit työskentelivät joko omassa sellissään tai sitten vankilan työpajoissa ja taloushuoltotöissä. Päivällisaika oli 12.00 -13.00. Sen jälkeen tehtiin töitä aina kello 19.00 asti, minkä jälkeen saatiin iltapala. Iltatarkastus oli 19.30 ja levolle piti käydä klo 21.00.

Sunnuntai- ja juhlapäivinä päiväjärjestys oli toisenlainen. Silloin oli aina jumalanpalvelus, jonka piti vankilan pastori ja johon kaikkien vankien oli osallistuttava. Omaiset saattoivat tulla tapaamaan vankeja sunnuntaisin klo 14.00 -16.00.

Vankilan päiväjärjestykseen kuului olennaisesti monet tarkastukset. Vangit laskettiin moneen kertaan päivässä ja sellit tarkastettiin. [23]

---

[23] Lääninvankilan ja vankeinhoitohallituksen vuosikertomukset. KA.

2. Viipurin lääninvankila 1917

Suomessa vuosi 1917 oli muutoksien aikaa. Yhteiskunnallinen liikehdintä ja muutokset, jotka alkoivat jo vuosisadan vaihteen jälkeen, voimistuivat. Ne ilmenivät Suomessa lakkoina, mellakoina, rauhattomuuksina ja myös sisäisenä poliittisena liikehdintänä yhä voimakkaammin vuoden 1917 alusta lukien. Levottomuutta lisäsivät Venäjän sotaväen kurin höltyminen, mellakointi kaduilla ja järjestysvallan puute. Maassa ei myöskään ollut luotettavaa armeijaa eikä järjestysvaltaa. Tilannetta pahensi se, että elintarvikkeista oli pulaa ja työttömyys korkea. Kun kotimaassa lisäksi vuonna 1917 kävi kato, kulutettavissa oleva viljamäärä putosi neljännekseen kulutustarpeesta. Elintarvikepula tuli tuntuvaksi ja ruoka monille liian kalliiksi. Köyhä kansa oli syksyllä 1917 joutumassa nälänhädän partaalle.

Luokkajakoinen yhteiskuntajärjestys, ihmisten räikeä eriarvoisuus, työttömyys, inflaatio ja elintarvikepula loivat väestössä muutokseen pyrkivää ja kumoukselle altista mielialaa. Kumousta kannattaneille monille sen tärkein tavoite oli nälän ja työttömyyden torjuminen.

Yhteiskunnalliseen, poliittiseen ja taloudelliseen myllerrykseen liittyi vankiloissa tilanahtaus ja myös henkilökunnan ammatillinen järjestäytyminen. Kysymys vankiloissa ei niinkään ollut maassa harjoitetusta venäläistämispolitiikasta, vaan yhteiskunnallisesta muutostarpeesta. Vankiloissa tämä aiheutti suhteiden kärjistymistä lähinnä vankiloiden vartijahenkilökunnan ja vankilan johdon välillä. Myös vankien keskuudessa tilanne ilmeni nälkälakkoina ja muina levottomuuksina. Johtavassa asemassa olevat vankeinhoidon virkamiehet näkivät näiden ilmiöiden taustalla kummittelevan sosialismin ja yhteiskunnallisen vallankumoushengen. Myös vankien koostumuksessa tapahtui muutoksia. Venäläistämiskauden kiristyessä ja poliittisen ilmapiirin muuttuessa vankiloihin alkoi tulla poliittisista rikoksista tuomittuja vankeja. Lakkoilu ja muunlainen yhteistoiminta oli heille tuttua, Nämä vangit olivat tavallisia vankeja valveutuneempia esittämään kritiikkiä sekä yhteiskunnallisia oloja että vankilaoloja kohtaan. Heitä kohtaan tunnettiin myös laajoissa kansalaispiireissä myötätuntoa. Vapauduttuaan vankilasta he julkaisivat lehdissä artikkeleita kokemuksistaan ja arvostelivat ankarasti silloista vankeinhoitojärjestelmää. Tämä sai yhteiskunnan mielenkiinnon heräämään vankeinhoitoa kohtaan. Siihen johti myös halu parantaa yhteiskunnan vähäosaisten asemaa ja vangithan kuuluivat pääasiassa yhteiskunnan alimpiin kerroksiin. Valtiopäivillä tehtiin aloitteita vankeinhoidon uudistamisesta. Yhteiskunnallinen levottomuus heijastui myös vankilan muurien sisällä. Vartijat pyrkivät ajamaan tarmokkaasti etujaan ja joutuivat ristiriitaan vankilavirkamiesten kanssa. Ristiriitoja syntyi myös erilaisista suhtautumistavoista venäläisten aseman lujittamispyrkimyksiin. Myös vangit alkoivat vaatia olojensa parantamista yhteistoiminnan avulla.[24]

Suomeen oli perustettu jo vuonna 1895 Suomen Vanginvartijayhdistys (SVY). Paikallistasolla vankiloihin oli perustettu haaraosastoja. Toiminta oli alkuun vaatimatonta. Yhteiskunnan muutospaineet sekä ammatillisien vaatimusten korostuminen yhdistyksissä lisäsi ammatillista aktiivisuutta. Vankeinhoitohallitus pyrki myös helpottamaan tilannetta vankiloissa. Kesäkuussa 1917 määrättiin perustettavaksi kaikkiin kuritushuoneisiin ja lääninvankiloihin vartijakunnan ja työnvalvojien edustajista valitut toverineuvostot. Toverineuvostot valittiin vuodeksi kerrallaan lippuäänestyksellä. Tavoitteena oli yhteishengen luominen. Varsinaista päätösvaltaa vankilan asioihin ei toverineuvostolla ollut.[25] Myös vankien armahduksella 1917 pyrittiin vaikuttamaan vankiloiden tilanteeseen rauhoittavasti. Vankiloista vapautettiin tuolloin 1599 vankia eli lähes joka toinen vanki.[26]

---

[24] Antikainen, Marjo-Riitta: Sääty, sukupuoli, uskonto. Mathilda Wrede ja yhteiskunnan muutos 1883 – 1913..

[25] Muiluvuori, Jukka.2014. Vaasan linna 1863 – 2013 ja suomalaista vankeinhoitoa 1700-luvulta nykyaikaan.

[26] Suomen Suurruhtinaanmaan Asetuskokoelma 29.5.1917/33

Erityisesti maaliskuun ja marraskuun vallankumoukset Venäjällä 1917 vaikuttivat nopeasti Suomeen ja vankeinhoitolaitoksenkin toimintaan. Liikehdintä oli erityisen voimakasta Turussa, jossa venäläinen merisotaväen osasto vapautti 17.3. Turun kuritushuoneelta ja Turun lääninvankilasta yhteensä 39 vankia ja riisui samalla osan vartijoista aseista. Punakaartilaiset tunkeutuivat marraskuussa Helsingin lääninvankilaan ja vapauttivat 20 vankia. Lappeenrannan työvankilasta venäläiset sotilaat vapauttivat n. 60 vankia ja tuhosivat vankilan omaisuutta. Mikkelin lääninvankilassa satapäinen punakaartilaisjoukko otti johtajan panttivangikseen ja vaati vangin vapauttamista. Johtaja suostui.

Helsingin kuritushuoneessa vakinaisen johtajan työskentely estettiin lakkolaisten toimesta. Myös Lappeenrannan työvankilan johtaja joutui poistumaan laitoksesta. Kuopion lääninvankilassa henkilökunta kieltäytyi työskentelemästä vakituisen johtajan alaisuudessa. Johtaja poistui vankilasta.[27]

Vakavin välikohtaus sattui Kittilän varavankilassa, jossa punakaartilaiset murhasivat vankilan päällysmiehen, kruununvouti Axel Sandsrömin marraskuussa 1917.[28]

Maaliskuun vallankumouksen jälkeen 1917 valtioneuvos Nikolai Stromiloff joutui eroamaan vankeinhoitohallituksen ylitirehtöörin virasta. Hänen tilalleen valittiin sosiaalidemokraatti Väinö Hakkila. Hän kuului puolueen maltilliseen siipeen.

Maaliskuussa 1917 tilanne Viipurissa oli levoton ja jännittynyt. Viipurin kasarmit olivat täynnä venäläistä sotaväkeä. Viestit pääkaupungista ja muualta olivat saaneet sotilaat kiihdyksiin ja heidän kurinsa höltyi. Maaliskuun 17. päivänä tunkeutui joukko venäläisiä sotamiehiä lääninvankilaan. Joukon puhemiehenä esiintynyt mies kertoi olleensa itsekin Venäjällä vankilassa. Hän vaati kaikkien " väärien lakien " mukaan tuomittujen vankien vapauttamista. Vankilan vt.

---

[27] Avainasemassa. 1995.
[28] Vankeinhoitohallituksen vuosikertomus 1917.

johtajana toiminut Henrik Rusama joutui laatimaan, pistoolilla uhattuna, luettelon kaikista vankilassa olleista poliittisista vangeista. Apuna hänellä oli hänen vaimonsa Maria, joka oli työskennellyt vankilan toimistossa ja tunsi luettelot. Sotilaat eivät kuitenkaan tyytyneet pelkästään poliittisten vankien vapauttamiseen, vaan vapauttivat lähes kaikki vangit. He vapauttivat vankilasta 366 vankia jättäen jäljelle ainoastaan 2 itävaltalaista sotavankia sekä 2 heikkomielistä vankia. Sotilaat mursivat auki selkejä, anastivat ja hävittivät sekä vankilan että vankien omaisuutta.[29]   Lähes kaikki vangit kuitenkin itse palasivat takaisin vankilaan.[30]

Lääninvankilan apulaisjohtaja Helle Henrik Rusama. Hän oli vankilassa myös sisällissodan aikana, mutta vältti johtaja Stråhlmanin ja kuuden muun virkailijan kohtalon. Kuva: Jukka Jukka Muiluvuori 2014.

---

[29] Vankilan vuosikertomus 1918.KA
[30] Lääninvankilan johtokunta kutsui vankilasta vapautettuja vankeja mm Viipurissa ilmestyneissä Maakansa (24.3. ja 2.4.) Karjala (20.3.) ja Viipuri (20.3 ja 23.3) lehdissä julkaistuilla ilmoituksilla palaamaan takaisin vankilaan pahempia seurauksia välttääkseen.

Tapahtumista Viipurin lääninvankilassa kertoo vankilan vt. johtaja Helle Rusama Vankeinhoitolehdessä v. 1921. Hän kertoi, että ei ollut epäilystäkään etteivätkö vallankumouksellisten ensi toimet Viipurissa kohdistuisi vankilaan. Olihan pietarilaisten esimerkkiä noudatettava. Johtaja Rusama olikin valmistautunut vallankumouksellisten tuloon vankilaan laatimalla listoja vaimonsa Marian kanssa poliittisista, valtiollisista vangeista, joiden vapauttamisen Rusama arvioi olleen vallankumouksellisten tavoite. Viipurin poliisimestari oli myös varoittanut mahdollisesta yrityksestä vapauttaa poliittiset vangit.

Vankilan johtajan virkahuone. Kuva; Juha Lankisen kokoelma

Vankilan toimisto. Kuva; Juha Lankisen kokoelma.

Rusama oli vankilassa vaimoineen maaliskuun 17. päivän 1917 iltana, kun vankilan portille oli kerääntynyt venäläisten sotamiesten joukko, jossa oli mukana myös siviileitä. Joukko vaati sisäänpääsyä vankilaan. Tunkeutujat uhkasivat särkeä vankilan portin, jos sitä ei aukaistaisi. Portti aukaistiin ja joukko pääsi vankilan pihalle. Väkijoukko vaati vankien vapauttamista. Johtaja Rusama koetti neuvotella joukon johtajan kanssa tulkin välityksellä. Johtajan tavoitteena oli, että vain poliittiset vangit voitaisiin vapauttaa. Rangaistusvankien vapauttamista johtaja vastusti jyrkästi. Hän perusteli sitä sillä, että rangaistusvankien joukossa oli murhamiehiä ym., joilla ei ollut mitään tekemistä tsaarin kukistamisessa ja vallankumouksessa. Näiden vankien vapauttaminen tulisi mahdollisesti kysymykseen vasta oloja vallankumouksen jälkeen uudelleen järjestettäessä. Tähän vastasi eräs venäläinen, joka sanoi olleensa Pietarissa vankilassa, että siellä kaikki vangit vapautettiin.

Johtaja Rusamalle jäi kuitenkin se kuva, että oltiin vapauttamassa vain poliittiset vangit. Vapautettavien poliittisten vankien listan valmistelemista jatkettiin. Vankilaan kutsuttiin myös apulaisjohtaja ja kaksi vahtimestaria. Lista vapautettavista vangeista saatiin valmiiksi vasta aamuyöllä.

Vihdoin listojen valmistuttua oltiin valmiina vapauttamaan poliittisia vankeja. Johtaja kertoo ehdottaneensa sotilaille, että vain vankilan vartijat, jotka tunsivat, missä poliittisten vankien sellit sijaitsivat, aukaisisivat sellien ovet listan mukaisessa järjestyksessä. Tähän ei suostuttu. Sotilaat vaativat ainakin kuudelle sotilaalle pääsyn mukaan vapauttamaan vankeja. Asunto-osastoille johtavaa rautaporttia aukaistaessa oli kuitenkin mahdotonta estää sotilaita joukoin tunkeutumassa asunto-osastoille. Tämä aiheutti sekasorron asunto-osastolla. Sinne sijoitetut rangaistusvangit ryhtyivät metelöimään huomattuaan, ettei heidän selliensä ovia aluksi avattukaan. Heistä ne, jotka osasivat venäjää, käyttivät kaiken kielitaitonsa kertoakseen sotilaille olevansa syyttömiä ja poliittisia vankeja. Tämä kaikki johti lopulta siihen, että kaikki sellit avattiin, useat ovia rikkomalla ja vangit saivat siirtyä maakertaan hakemaan siviilivaatteita

Lääninvankilan vankien vastaanottohuone.

Maakertaan ensimmäisinä tulleet vangit olivat poliittisia vankeja ja aluksi siellä oleva vahtimestari parin vartijan avustamana pystyi pitämään järjestystä. Sekasorto siellä kävi täydelliseksi, kun sotilaita ilmestyi myös maakertaan. Alkoi vankien vaatepussien ryöstely. Sen jälkeen kun vapautetut olivat saaneet siviilivaatteet ylleen, joko omansa tai ryöstösaalina toisten vaatesäkeistä saaneet, vapautetut alkoivat vaatia vankilan kassaan talletettuja omia rahojaan. Johtajalla ei ollut avainta kassakaappiin, mutta sekin hankittiin vankilaan. Kansliassa oli sillä välin murrettu kaapit auki ja asiakirjat oli heitelty lattioille. Kaikkialla oli mitä suurin sekasorto. Rahat saatiin kuitenkin maksettua.

Kun rahat oli saatu maksettua, sotilaiden pääjoukko poistui vankilasta. Jäljelle jäi joukko, jossa oli kymmenkunta venäläistä sotilasta ja joitakin vapautettuja vankeja, varastamaan ja ryöstämään jäljellä olevaa vankilan omaisuutta. Aamun sarastaessa johtaja Rusama vaimoineen poistui vankilasta. "Kauhun yö", niin kuin hän itse kertoi, oli ohi.[31]

Vankilan toimisto hävityksen jäljiltä. Kuva; J.M. 2014.

---

[31] Vankeinhoitolehti 1921.

Lääninvankilasta vapautetut vangit saatiin vähitellen kiinni ja toimitetuksi takaisin vankilaan. Osa palasi sinne myös itse. Vankila jatkoikin toimintaansa maaliskuun 1917 jälkeen jokseenkin normaalisti.

Kaupungissa oli kuitenkin rauhatonta. Vanhaan linnaan johtavalla sillalla tapahtui iltapäivällä 11.syyskuuta 1917 hämmästyttävin kohtaus sitten Viipurin pamauksen. Sotilasjoukko retuutti paikalle korkeita upseereja. Nöyryytettyinä, potkittuina ja kiväärinperillä rusikoituina he lensivät mereen ja kuolivat uimasilleen ammuttuina. Mielivalta purkautui myös muualla julkisillakin paikoilla. Surmia kertyi yli kaksikymmentä Viipurinlahden saaristolinnakkeet mukaan lukien. Kuolonuhreja lisäsi juopuneiden venäläisjoukkojen keskinäinen tappelu. Varuskunnan johtoa pakeni paikalta. Venäläinen varuskunta valitsi päällikkönsä kansanvaltaisesti. Hukutettua kenraalia seurasi nuori kapteeni. Väkivaltaisuuden kohdistuivat myös siviileihin.[32]

Bolsevikkien valtaannousu Pietarissa 7. marraskuuta 1917 auttoi Viipurin punaisten aseistautumista ja ensi tilassa itseluottamusta. Yleislakossa punakaartilaiset miehittivät rautatieaseman ja puhelinkeskuksen sekä penkoivat oletettujen vihollisten koteja. Kaduilla velloi esikaupunkien nuorisoa, sellaistakin, jonka järjestökokemus rajoittui työväenyhdistyksen iltamien häiriköintiin. Punakaarti esti porvarilehtien ilmestymisen.[33] Lääninvankila pysyi kuitenkin rauhallisena, vaikka joissakin muissa vankiloissa marraskuussa 1917 punakaartilaiset vapauttivat vankeja.

---

[32] Keskisarja. Teemu. 2013. Viipuri 1918.
[33] Keskisarja, Teemu 2013. Viipuri 1918.

3. Sisällissota 1918 ja vankilat

3.1. Sisällissodan alkaminen

Suomen sisällissodan alkamisen merkkinä on pidetty Helsingin työväentalon torniin tammikuun 27. päivänä 1918 sytytettyä punaista lyhtyä, joka samalla merkitsi Helsingin kaupungin keskeisten kohteiden miehittämistä punakaartin toimesta.

Tosiasiassa sisällissodan voidaan katsoa alkaneen Viipurissa jo lauantaina 19.päivänä tammikuuta nk. Pietisen kahakasta. Se on oletettavissa ja mahdollinen, joskin ehkä liian Viipuri keskeinen tulkinta. Kahakka alkoi vihjeestä, joka tuli punaisten tietoon. Pietisen tehtaalla epäiltiin olevan valkoisten asevarasto. Asiaa päätettiin ryhtyä tarkistamaan. Punaisten tullessa viilari August Anderssonin johdolla tehtaalle heitä oli vastassa jääkäri Kalle Mata joukkoineen. Tehtaan sisätiloissa, toiseen kerrokseen johtavilla portailla, Mata ampui portaiden yläpäästä Andersonia päälakeen. Andersson putosi kuolleena portaiden juureen. Tästä syntyi piiritystilanne, jossa ammuttiin puolin ja toisin. Punaiset saivat vahvistusta mm. venäläisiltä sotilailta. Valkoiset piiritettiin taloon, josta he kuitenkin onnistuivat väkivalloin murtautumaan ulos piirityksestä. Yksi valkoinen kuoli ulosryntäyksessä. [34]

Pietisen kahakka ei sinänsä ollut suuri taistelu. Ylilatautuneessa ilmapiirissä se johti kuitenkin uusiin punaisten tekemiin veritekoihin Viipurissa sekä aseellisiin yhteenottoihin. Yleinen ilmapiiri valkoisten ja punaisten väillä kiristyi.

---

[34] mm Keskisarja, Teemu 2013.

Sanomalehdet kirjoittivat tapahtumista suurin otsikoin. Pietisen kahakka sisällissodan alkamisen merkkinä on kuitenkin tärkeä psykologisessa merkityksessä. Pienehkö, mutta selkeä aseellinen yhteenotto, joka jatkui eri osapuolten kesken, täytti räjähdysherkässä ilmapiirissä sodan syttymisen tunnusmerkit.

Täysimittaisen sisällissodan merkit täyttyivät sitten 27. pnä tammikuuta, jolloin punakaarti miehitti Helsingin virastot sekä asetti uuden hallituksen, kansanvaltuuskunnan. Helsingistä tuli punaisen Suomen pääkaupunki. Punaiset hallitsivat Etelä-Suomea ja valkoiset Keski- ja Pohjois-Suomea. Vaasasta tuli valkoisen Suomen pääkaupunki ja hallintokeskus.

3.2. Vankilat sisällissodassa

Punaisten alueelle jäi kaikkiaan 8 vankilaa ja valkoisten puolelle 7 vankilaa. Punaisten hallinnassa olivat suuret vankilakeskittymät Turussa (kaksi vankilaa), Helsingissä (kaksi vankilaa), Hämeenlinnassa (kaksi vankilaa), Lappeenrannan työvankila ja Viipurin lääninvankila.

Koska vankeinhoitohallitus ei pystynyt toimimaan Helsingistä käsin perusti senaatti 14.3.1918 väliaikaisen vankeinhoitohallituksen, jonka tehtävänä oli toimia valkoisten puolelle jääneiden vankiloiden keskusvirastona. Väliaikaisen vankeinhoitohallituksen vt. ylitirehtööriksi nimitettiin Kuopion lääninvankilan johtaja Theonor Valdemar Ruotzi 14.3.1918 alkaen. Hän hoiti tehtävää aina 14.5.1918 asti.

Väliaikainen vankeinhoitohallitus pyrki hoitamaan kaikki ne tehtävät, jotka kuuluivat vankeinhoitohallitukselle niiden vankiloiden osalta, jotka jäivät valkoisten vallassa olevalle alueelle.

SUOMEN VANKILAT 1918

Rintamatilanne sisällissodassa maaliskuun alkupuolella 1918

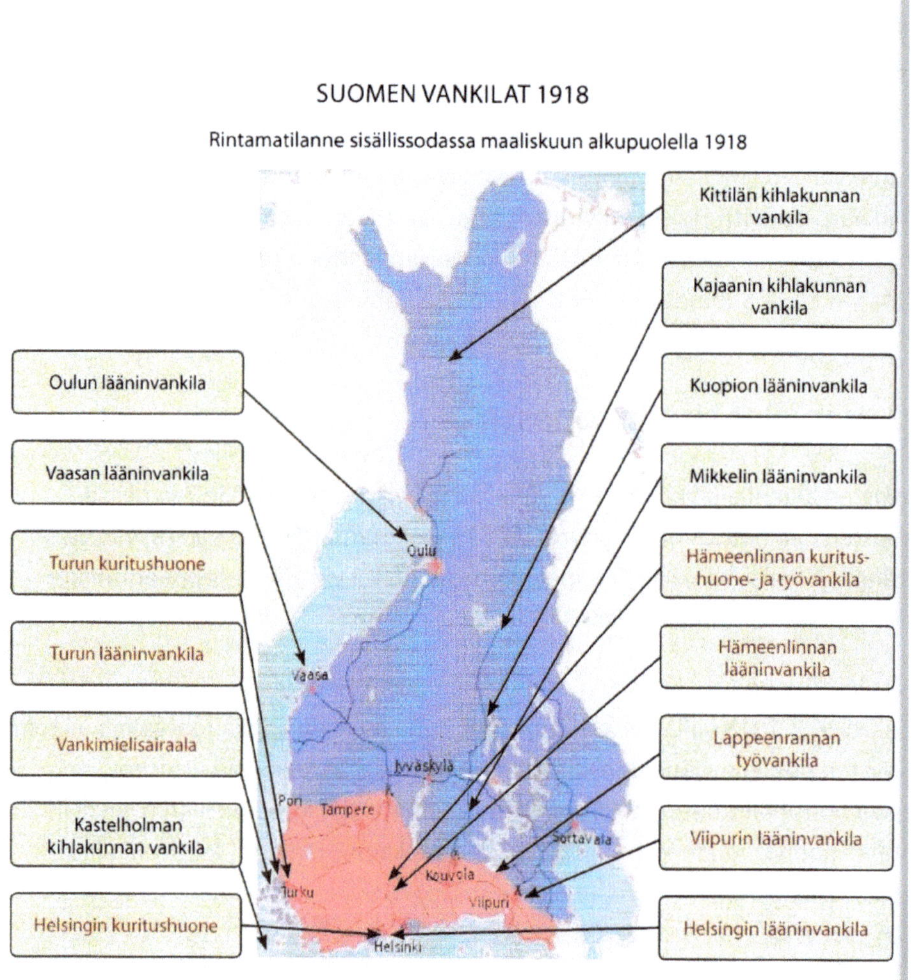

3.3. Vankiloiden hallinnon uudelleen järjestely punaisten toimesta

Punaiset organisoivat valtionhallinnon muodostamalla uudelleen valtioelimet. Kansanvaltuuskunta, joka vastasi laillista hallitusta, aloitti toimintansa 28.1.1918. Työväen pääneuvosto vastasi eduskuntaa. Kansanvaltuuskunta jakaantui 11 osastoon, jotka vastasivat entisiä eri ministeriöitä. Osastojen päälliköt nimettiin valtuutetuiksi. Oikeusasiainosastoon, jonka alaisuuteen vankeinhoitolaitos kuului, nimitettiin kaksi valtuutettua, Lauri Letonmäki ja Antti Kiviranta. Kivirannalle kuului vastuu vankeinhoidosta ja Letonmäelle lainvalmistelu ja oikeudenhoito. Punaisten organisaatiossa vankeinhoitohallitusta vastasi vankeinhoitoneuvosto, jota johti ylikomissaari. Ylikomissaariksi valittiin Helsingin lääninvankilan vartija Felix Ahti.[35] Tosin vankeinhoitohallituksen ylijohtaja Väinö Hakkila[36] kieltäytyi eroamasta ja jäi paikalleen, mikä varmasti vaikeutti Ahtin työskentelyä. Vankiloiden johtokuntia vastasivat neuvostot ja vankilanjohtajia komissaarit.

---

[35] Felix Ahti oli ennen nimitystään Helsingin lääninvankilan vanginvartijayhdistyksen puheenjohtaja. Mielenkiintoinen on myös tieto, että Ahti olisi ennen nimitystään ollut yhteydessä Helsingissä toimineeseen valkoisten perustamaan turvallisuuskomiteaan ja kysynyt mielipidettä siitä, ryhtyisikö hän vankeinhoidon ylikomissaariksi. Hänelle annettiin tähän eräin ehdoin lupa (Osmo Rinta-Tassi: Punaisen Suomen historia 1918 siv. 176)

[36] Väinö Pietari Hakkila toimi vankeinhoitohallituksen ylitirehtöörinä 18.4.1917 – kevääseen 1918. Hän oli poliittiselta taustaltaan sosiaalidemokraatti, joka kieltäytyi eroamasta virastaan. Vankeinhoitohallituksessa oli siis sisällissodan aikana sekä vallankumouksellisten valitse ylikomissaari Felix Ahti että ylitirehtööri Hakkila.

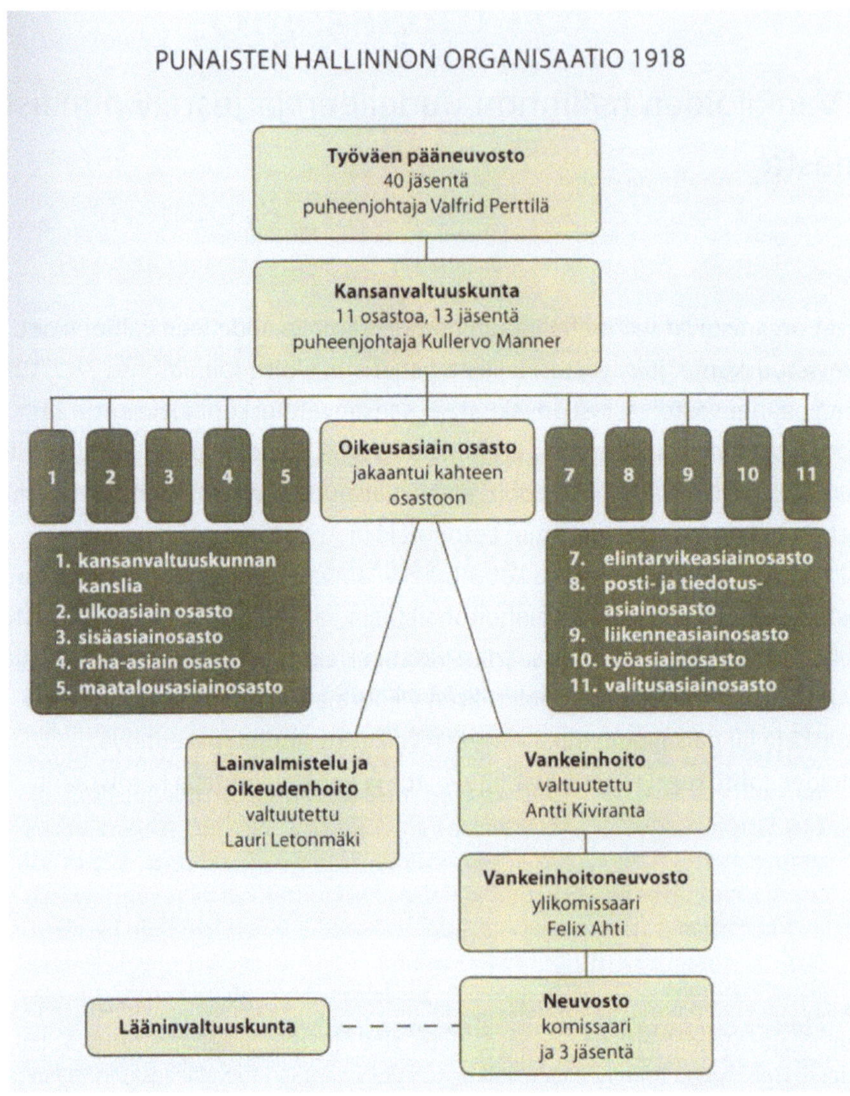

Oikeusasian valtuutettu Antti Kiviranta antoi jo 4.2.1918 määräyksen punaisten alueella olevien vankiloiden organisaation uudistamisesta. Määräyksen mukaan kunkin vankilan henkilökunnan tuli viipymättä valita keskuudestaan neuvosto hoitamaan erikoisen komissaarin johdolla vankilan asioita. Neuvostoon tuli valita järjestyneistä henkilöistä puheenjohtaja ja vähintään kaksi jäsentä. Vankilan henkilökunnan tuli tehdä ehdotus vankilan komissaariksi ja varakomissaariksi, mutta nimityksen hoiti sitten oikeusasiain osasto. Komissaarin ja neuvoston tehtävät vastasivat vankiloiden johtajien ja johtokuntien tehtäviä.

Määräys

Suomen vankilain, kuritushuoneitten ja kasvatus-laitosten henkilökunnille.

Kunkin vankilan, kuritushuoneen ja kasvatuslaitoksen henkilökun-nan on viipymättä valittava keskuudestaan neuvosto hoitamaan erikoi-sen komisarin johdolla näitä laitoksia. Neuvostoon tulee valita järjes-tyneistä henkilöistä puheenjohtaja ja vähintään kaksi jäsentä. Komisa-rin laitosta varten ehdottaa henkilökunta ja nimittää hänet Suomen Kansanvaltuuskunnan Oikeusasiain Osasto.

Kohta kun neuvosto täten on tullut valituksi ja komisariehdokas asetettu, on asiasta ilmoitettava Kansanvaltuuskunnan Oikeusasiain Osastolle. Sen ohella on Oikeusasiain Osastolle tehtävä myöskin ehdo-tus kunkin laitoksen uudestaanjärjestämisestä.

Kunnes Kansanvaltuuskunnan Oikeusasiain Osasto on tehdyn ehdo-tuksen vahvistanut, hoitakoon neuvosto yhdessä komisarin kanssa laitok-sen asioita väliaikaisesti.

Helsingissä, 4 päivänä helmikuuta 1918.

Suomen Kansanvaltuuskunnan Oikeusasiain Valtuutettu

Antti Kiviranta.

Punaisen vallan alaisiksi joutuneissa vankiloissa tilanne sisällissodan alussa oli varsin sekava. Osa henkilökunnasta kannatti vallankumousta ja oli valmis toimimaan hyvinkin aktiivisesti sen puolesta. Osa oli vallankumousta vastaan. Pääosa suhtautui vähemmän aktiivisesti mukana oloon. Henkilökunta ei välttämättä ollut kovinkaan kiinnostunut vallankumouksesta ja osa jopa uskoi, että vankilat jäisivät sen ulkopuolelle. Selvää epäröintiä oli se suhteen, lähteäkö vallankumoukseen mukaan. Komissaarien ja vankilaneuvostojen valinta tuotti joissakin vankiloissa vaikeuksia. Valitut henkilöt kieltäytyivät, valintoja siirrettiin ja myös erimielisyydet henkilökunnan keskuudessa hidastivat komissaarien ja vankilaneuvostojen valintaa. Yhtenä syynä saattoi olla se, että vankeinhoitolaitoksen ylitirehtööri Väinö Hakkila jäi työpaikalleen. Joissakin vankiloissa kapinalliset myös neuvottelivat ja kysyivät neuvoa vankilan johdolta.

Tilanne oli kuitenkin sellainen, että vankiloiden johtajilla ja johtokunnilla ei ollut juuri muuta mahdollisuutta kuin luovuttaa valta kapinallisille. Vaihtoehtoja ei ollut. Muussa tapauksessa vallanvaihto olisi todennäköisesti tehty väkivalloin. Joissakin vankiloissa vallanvaihto tapahtui varsin " käytännön läheisesti". Vankilan johtokunnan kokouksessa vankilaneuvoston puheenjohtaja luki henkilökunnan päätöksen vallan vaihtumisesta. Johtokunta piti kokouksen ja totesi tilanteen, jossa ei enää ollut mahdollisuutta johtaa vankilaa. Tehtiin päätös luopumisesta, joka kirjattiin myös pöytäkirjaan. Päätös ilmoitettiin sitten vankilan komissaarille. Toisissa vankiloissa johtaja ja johtokunta vain yksinkertaisesti poistuivat laitoksesta vedoten mahdollisesti virkamieslakkoon. Muutamassa vankilassa johtaja ja johtokunta pidätettiin ja vangittiin samassa yhteydessä, jossa vallanvaihdos toteutettiin. Joissakin vankiloissa vankilan johtajat ja myös johtokunta työskentelivät varsin pitkään aina maaliskuulle asti. Tosin työskentely oli useimmiten muodollista. Kaikissa näissä vankiloissa jäi osa vartijakunnan esimiehistä, osa työnjohtoa ja lähes kaikki vartijat sekä osa papeista ja opettajista työhönsä. Tämä mahdollisti, etenkin vartijakunnan jääminen palvelukseen, vankiloiden toiminnan ammattitaitoisen henkilökunnan voimin.

Punaisten valtaamille alueille jääneet vankilat joutuivat uuteen tilanteeseen. Toiset vankilat selvisivät tilanteesta paremmin kuin toiset. Jotkut vankiloista pystyivät jopa loppuun saakka toimimaan itsenäisinä laitoksina ja huolehtimaan tehtävistään. Joidenkin vankiloiden tilanne etenkin sodan loppuvaiheissa oli sekasortoinen. Kansanvaltuuskunnan tavoitteena oli tilanteen hoitaminen vankiloissa jo ennestään voimassa olleiden lakien ja määräysten ja uuden hallinnon antamien määräysten puitteissa mahdollisimman hyvin. Tilanne vain yksinkertaisesti etenkin hallinnon osalta hajosi käsiin noissa sisällissodan, varsinkin sodan loppuvaiheiden, sekasortoisissa oloissa. Hallitsemattomuudesta kertoo sekin, että sodan loppuvaiheessa joissakin vankiloissa vapautettiin lähes kaikki vangit. Näin tapahtui ainakin Lappeenrannan työvankilassa, Hämeenlinnan molemmissa vankiloissa ja Viipurin lääninvankilassa. Vankiloiden päiväjärjestystä eri ohjelmineen pystyttiin ylläpitämään ja vankeja kohdeltiin pääsääntöisesti asiallisesti. Vankiloissa ei myöskään henkilökunnan taholta syyllistytty vankien murhiin tai pahoinpitelyihin. Viipurin lääninvankilan murhenäytelmä, jossa surmattiin vankilan sisällä 30 henkeä, joista osa henkilökuntaa, tapahtui vankilan ulkopuolelta tukeutuneiden punaisten toimesta. Lappeenrannan työvankilasta väkivalloin läheiselle järven jäälle viedyt ja siellä surmatut vangit, ammuttiin punaisten teloittajien toimesta. Molemmissa tapauksissa vankilan henkilökunta ei pystynyt estämään tapahtumia. Vallankumouksellista toimintaa räikeimmillään olivat tietysti vankilanjohtajien pidättämiset ja vangitsemiset entiseen vankilaansa sekä johtokuntien ja eräiden virkamiesten erottamiset.

Ne vankilat, jotka vallankumouksen tapahtuessa jäivät laillisen hallituksen, senaatin, hallitsemille alueille, jatkoivat toimintaansa niin normaaleissa ja vakiintuneissa olosuhteissa kuin, se oli sisällissodan aikana yleensä mahdollista. Vankilajärjestys säilyi, vankeja otettiin vastaan vankilohin ja vankeja vapautettiin vain lakien ja määräysten mukisesti. Myös vankien ruokahuollosta ja terveydenhuollosta huolehdittiin. Näiden valkoisten alueelle jääneiden vankiloiden johtoon perustettiin väliaikainen vankeinhoitohallitus, joka alkoi toimia14.3.1918. Virasto jouduttiin perustamaan, koska Helsingissä toiminut vankeinhoitohallitus ei pystynyt sieltä käsin toimimaan. Väliaikainen vankeinhoitohallitus toimi aina 14.5.1918 saakka. Se pyrki hoitamaan kaikki ne tehtävät, jotka kuuluivat vankeinhoitohallitukselle niiden vankiloiden osalta, jotka toimivat valkoisten hallussa olleilla alueilla.

4. Viipurin lääninvankila sisällissodan aikana

4.1. Vankilan neuvoston ja komissaarien valinta Viipurin lääninvankilassa.

Viipurin lääninvankilassa henkilökunta suhtautui vallankumoukseen jonkinlaisella varauksella kuten useissa punaisten haltuun joutuneissa vankiloissa. Oltiin epäröiviä niin uuden toiminnan kuin vallankumouksenkin suhteen. Toiset kannattivat, toiset eivät. Saatettiin jopa toivoa, että vankilat voisivat jatkaa toimintaansa entiseen malliin.

Viipurin lääninvankilassa päätettiin kuitenkin noudattaa kansanvaltuuskunnan määräystä valita komissaari ja neuvoston jäsenet. Vartijayhdistyksen puheenjohtajana toiminut vartija August Järvenpää kutsui helmikuun 8 pnä vartijakunnan kokoon. Tässä kokouksessa valittiin neuvoston jäseniksi vartijat K. Niemelä ja K. Hänninen, August Järvenpää sekä työnvalvoja J. Saario. Kuitenkin vartijat Niemelä ja Hänninen, jotka eivät olleet kokouksessa, kieltäytyivät neuvoston jäsenyydestä saatuaan tietää valinnasta. Samoin kieltäytyi myös työnvalvoja J. Saario. Kun tästä ilmoitettiin Viipurissa toimivalle " Työväen eduskunnalle", niin vartijakuntaa uhkailtiin. Vartijakunta pitikin uuden kokouksen, jossa päätettiin valita uudelleen neuvosto. Kun kukaan vartijoista ei suostunut vapaaehtoisesti sen jäseneksi, niin valinnasta ei tässäkään kokouksessa tullut mitään. Tämän jälkeen " Työväen eduskunta" esitti kirjallisesti uhkavaatimuksen, jossa määrättiin, että neuvosto oli valittava vankilaan 14.2.1918 klo 13.00 mennessä. Vartijakunta päättikin, että neuvosto valitaan ja ettei kukaan valituista saa kieltäytyä. Tämän päätöksen mukaisesti valittiin neuvoston jäseniksi vartija K. Niemelä, T. Hakkarainen, A. Salanti ja A. Järvenpää sekä varajäseniksi vartijat P. Käyhkö ja A. Virtanen. Valitut tyytyivät päätökseen eivätkä kieltäytyneet.

Kokouksen jälkeen vankilaan saapui toimittaja Hjalmar Tammilaakso, joka edusti paikallista "punaisten" johtoa. Kuultuaan kokouksen päätöksen hän lähti sen enempää puhumatta vankilan kansliaan. Siellä hän vangitutti saapuvilla olevat johtokunnan jäsenet. Vartija August Järvenpää on väittänyt, että neuvosto ei tiennyt tästä eikä ollut osallisena vangitsemisessa. Hallinnollinen vallan vaihto tapahtui neuvottelematta ja suoraviivaisesti ja siihen liittyi selvä väkivallan käyttö, joka ilmeni johdon vangitsemisena.

Kansanvaltuuskunta määräsi sitten vankilaan komissaariksi Hjalmar Tammilaakson[37] ja noin viikon kuluttua O. Mannisen. [38] Manninen kävi vankilassa vain joinakin päivinä. Kun vankilaan tuli käymään Helsingistä vankeinhoitoneuvoston ylikomissaari Felix Ahti, niin hän kehotti vartijoita valitsemaan keskuudestaan komissaarin, jottei vankilan oloja tuntemattomat pääsisi niitä saattamaan epäjärjestykseen. Vartijat valitsivat kokouksessaan 19.2.1918 yksimielisesti August Järvenpään komissaariehdokkaaksi ja Kaarlo Niemelän hänen apulaisekseen. Kansanvaltuuskunta nimitti sitten heidät tehtäviinsä.[39]

4.2. Vankilan toiminta punaisen vallan alla

Vankilan toiminta jatkui normaalina aina helmikuun 14. päivään 1918 asti. Vartijaneuvoston valinnan jälkeen komissaari Tammilaakso punakaartilaisineen vangitsivat johtajan, apulaisjohtajan ja kanslistin ja veivät heidät kasarmeille. Sieltä virkamiehet kuitenkin vapautettiin lunnaita vastaan. Sakkonsa maksettuaan he saivat asua vankilan alueella olevissa asunnoissaan. Monia vankilan virkailijoita erosi tehtävistään, koska he katsoivat, että eivät voineet palvella vankilaa muuttuneissa olosuhteissa. Ainoastaan pastori ja lääkäri jäivät. Virka-asemaltaan korkeimpana vankilan virkamiehenä vankilan palvelukseen jäi

---

[37] Hjalmar Tammilaakso oli SDP:n piirisihteeri siviiliammatiltaan. Hänet ammuttiin Viipurin vankileirillä toukokuussa 1918.

[38] Otto Manninen oli siviiliammatiltaan räätäli. Hänet ammuttiin Viipurin vankileirillä 13.5.1918.

[39] VRYO. 27544 Järvenpää, August.vankilan johtokunnan pöytäkirja 22.5.1918 KA

talousvahtimestari Alfred Mannermaa[40], jota oli pyydetty jäämään paikalleen. Häntä olivat poliittisten vankien omaiset kahtena eri lähetystönä käyneet pyytämässä. Hän esiintyi puolueettomana ja pyrki sovittelemalla estämään väkivaltaisuudet. Mannermaa työskenteli myös vallankumouksellisten valtuutuksella. Hän ilmaisi melko avoimesti sympatiansa valkoisille. Muodollisesti vankilaa johti komissaari ja apulaiskomissaari sekä vartijaneuvosto. Käytännössä Mannermaa johti vankilan toimintaa.

Tilanne oli siis vankilan hallinnon kannalta erikoinen. Vankilassa oli vallankumouksellisten valitsema komissaari ja neuvosto. Vankilaa kuitenkin käytännössä johti talousvahtimestari Mannermaa. Tilanne oli kuitenkin hyväksytty vankilan henkilökunnan taholta, tosin ilman pöytäkirjamerkintöjä.

Mannermaa oli 38- vuotias, aikaisemmin liikealalla työskennellyt mies, jolla oli vaimo ja kolme lasta. Hänen vastuualueena vankilassa oli vankilan ruokahuolto, vaatehuolto ja vankilan siisteydestä huolehtiminen. Mannermaan asemaa sodan aikana selittää se, että häneen luotti paitsi henkilökunta myös poliittiset valkoiset vangit. Hänen harrastuksenaan oli näytelmätaide. Hän työskenteli vapaa-aikanaan innokkaasti seuranäytelmien johtajana ja näyttelijänä. Hän oli Viipurin ulkoilmateatterin näkyvimpiä kykyjä. Mannermaa hoiti tehtäväänsä ammattitaidolla. Hän oli puolueeton ja pyrki kompromisseilla välttämään verenvuodatusta. Hän työskenteli punaisten valtuutuksella, mutta se ei näkynyt. Hän ilmaisi melko avoimesti sympatiansa valkoisille.

Helmikuun 14. päivän jälkeen, jolloin vankilan johto pidätettiin viran hoidosta, vankila jatkoi toimintaansa punaisten vallan alla vankilana, joka noudatti ja selvästi pyrki noudattamaan aiemmin vankilan toiminnasta ja vankien kohtelusta annettuja määräyksiä. Vankilajärjestys pyrittiin pitämään normaalina.

---

[40] VRYO. 27543. Niemelä, Kalle. Palvelukseen jäi vain lääkäri ja pappi ja Mannermaa, jota pyydettiin poliittisten vankien taholta. Toimittaja Puhakan todistus. KA.

Päiväjärjestystä noudatettiin. Vankilan neuvosto piti kokouksiaan, kuten vankilan johtokunta aikaisemmin. Mannermaa hoiti vankilan käytännön johtamisen. Valittu komissaari ei juurikaan osallistunut vankilan johtamiseen. Vankeja tuli vankilaan entiseen tapaan vankilaan, mutta nyt vain punaisten oikeushallinnon toimittamina. He olivat joko rikoksista tuomittuja tai rikoksista epäiltyjä tutkintavankeja. Uutena vankiryhmänä olivat poliittiset valkoiset vangit, jotka oli vangittu ja toimitettu lääninvankilaan vastavallankumouksellisesta toiminnasta epäiltyinä ja tuomittuina. Vankeja myös vapautettiin, joko tuomion loputtua, mutta myös runsain joukoin kansanvaltuuskunnan määräysten perusteella. Näissä määräyksissä useampaan otteeseen lievennettiin lähinnä lievempiin rikoksiin syyllistyneiden vankien rangaistusaikoja. Mitään näyttöä siitä, että vankeja olisi vapautettu väkivalloin vankilassa, ei ole. Epäilemättä vankilajärjestys pysyi melkein sodan loppuun asti tyydyttävänä. Tähän vaikutti se, että vankilan vartijat ja työnohjaajat Mannermaan johdolla jäivät hoitamaan tehtäviään kuten ennenkin.

Vankilan ruokahuollon ja monen muun asian kanssa oli vaikeuksia, mutta toiminta jatkui.

4.3. Elämä vankilassa poliittisena vankina Viipurin lääninvankilassa huhtikuussa 1918

Poliittiset vangit otettiin vastaan lääninvankilassa muiden vankien tapaan. Heidät ohjattiin aluksi vankilan kellarikerrokseen, jossa oli vankilan nk. vastaanotto-osasto. Tuleva vanki joutui aluksi riisuutumaan alasti. Tällä haluttiin vankilassa varmistaa, ettei tulleella ollut mitään vaarallista mukanaan. Toimenpide mahdollisti myös tarkempien tuntomerkkien kuten tatueerauksien kirjaamisen. Kaikki ylimääräiset esineet ja tupakat otettiin pois. Ne sijoitettiin lukolliseen kaappiin odottamaan vangin vapautumista. Poliittisilta vangeilla kysyttiin myös, halusivatko he käyttää omia vaatteitaan. Tämä oli mahdollista ja useimmat poliittisista vangeista käyttivätkin vankilassa ollessaan omia vaatteitaan. Vangin henkilötiedot ja syyn vankilaan joutumisella kirjattiin vastanotto-osaston griffelitaululle.

Poliittisia vankeja Viipurin lääninvankilan pihalla 11.3.1918. Kuvassa etualalla kädet ristissä vahtimestari Mannermaa. Kuvassa; Kurppa, Tallgren (k), Ikonen (k), Pietinen (k), Jääskeläinen (k), Karlsson, Petterson, Puhakka, Torvelainen, Tuominen, Hirvonen, Peltola (k), Mannermaa (k), Leppänen (k), Siltanen, Inkinen (k) Jahnukainen, Toivanen, Lehtonen, Kemppi (k), Liikka (k). k-merkityt saivat surmansa. Kuva; Rikosseuraamusvirasto.

Näiden toimenpiteiden jälkeen vanki ohjattiin vankilan asunto-osastoille, useimmiten aluksi ensimmäiselle kerrokselle nk. yhteishuoneeseen eli ruumaan.

Tilanahtauden takia poliittisia vankeja jouduttiin siirtämän myös vankilan muille osastoille. Poliittisen vangit pidettiin kuitenkin erillään muista vangeista.

Poliittisen vangin aamu alkoi herätyksellä kello 7, jolloin tuotiin kuumaa vettä sisään. Sen jälkeen poliittiset vangit laskettiin ulos sellistään puoleksi tunniksi, jona aikana rikosvangit suorittivat sellin siivouksen. Myös sellin nurkka-wc oli kannettava pois joka aamu. Tämä kuului myös rikosvankien tehtäviin. Tehtävä oli epämiellyttävä. Se asetti poliittiset vangit parempaan asemaan muihin vankeihin nähden. Muutenkin voidaan sanoa, että poliittisia vankeja henkilökunnan taholta kohdeltiin asiallisesti ja heillä oli vapauksia enemmän kuin muilla vangeilla.

Kello 11 oli aamiainen, joka koostui pääasiassa perunoista ja silakoista. Lisäksi oli leipää, joka oli valmistettu osaksi rukiista osaksi perunoista.

Poliittisia naisvankeja Viipurin lääninvankilassa huhtikuussa 1918. Edessä ylivartija Korvenheimo.

Kello 13–14.00 oli ulkoilun aika. Ulkoilu ei tapahtunut vapaasti vankilan pihalla ja keskustelukin oli tavallaan kielletty. Ulkoilu suoritettiin nk. "karusellissa", joka oli vankilan pihalla oleva karusellinmuotoinen rakennus. Karusellin kopit olivat ilman kattoa ja karusellin keskellä kattojen korkeudella oli vartijan torni. Sieltä hän saattoi seurata vankien liikkeitä eri kopeissa ikään kuin " hämähäkin verkkoa sen keskuksesta". Karuselli ei ollut ajan mittaan vankien mieleen. Poliittiset vangit tekivät lakonkin ja vaativat saada ulkoilla vapaasti vankilan pihalla omassa ryhmässään. Se sallittiinkin.

Kello 15 – 16 välisenä aikana omaiset saivat tuoda ruokaa vangeille. Ruoka tarkastettiin ja toimitettiin sitten vangeille.

Kello 18- 19.00 oli illallinen, jolloin saattoi olla tarjolla läskisoosia ja pari palaa leipää.

Kello 19.00 oli iltatarkastus, jonka toimitti vankilan vahtimestari Mannermaa. Silloin tarkistettiin olivatko kaikki vangit paikalla. Tarkastus aloitettiin pitkällä pillin vihellyksellä. Sen jälkeen yksi lyhyt vihellys tarkoitti tarkastusta ensimmäisellä kerroksella, kaksi vihellystä tarkastusta toisella kerroksella jne. kunnes kaikki asunto-osastot oli tarkastettu. Sitten Mannermaa toivotti hyvää yötä ja sellien ovet suljettiin. Poliittiset vangit saivat vielä iltatarkastuksen jälkeen puhua hiljaa keskenään.

kello 21 oli iltahartaus. Koska pappia ei ollut, piti joku vartija iltahartauden, johon kuului iltarukous ja muutama laulu. Tämän jälkeen piti olla vankilassa täysi hiljaisuus.

Kerran viikossa oli sauna. Sauna sijaitsi vankilan kellarikerroksessa. Sinne mahtui viitisen kymmentä vankia kerralla.[41]

---

[41] Tullivirkailija Karl Karilan muistelmat. Suomen Vapaussodan itsenäisyysarkisto. KA

Kuvassa talousvahtimestari Mannermaa ja poliittisia vankeja 18.3.1918 Viipurin lääninvankilassa. Ylärivissä; Inkinen (k), Peltola (k), Mannermaa (k), Jahnukainen, Siltanen, Toivonen. Istumassa Tilli (k), Puhakka, Pietinen (k), Tallgren (k). k-merkityt saivat surmansa. Kuva; Etelä-Karjalan museo.

Kuva yhteissellistä eli ruumasta, johon valkoiset poliittiset vangit oli sijoitettu ja johon suurin osa vangeista surmattiin. Normaalioloissa vankipaikkoja yhteissellissä oli yhteensä 10. Huone oli kooltaan 6 x 5 m. Huoneen yhdessä kulmassa oli komero käymälää varten. Toisella kulmassa oli kaappi. Varustuksena oli sänkyjä ja pöytä. Kuva; Juha Lankisen kokoelma.

Lääninvankilan 1.krs. Kuva; Juha Lankisen kokoelma.

Lääninvankilan selli. Sellin koko; pituus 3 m, leveys 2m ja korkeus 3m.
Kalusteina; sänky (päivisin seinälle taitettuna), pöytä, tuoli, ja kaappi
Oven vasemmalla puolella näkyy käymäläastian komeron luukku.
Kuva; Juha Lankisen kokoelma.

Kaikesta päätellen Viipurin lääninvankila toimi lähes normaalisti koko sisällissodan ajan lukuun ottamatta sodan viimeisiä päiviä. Poliittisia vankeja kohdeltiin asiallisesti. Myös ruokahuollosta pystyttiin huolehtimaan eikä järjestyshäiriöitä sattunut. Poliittiset vangit ovat antaneet vapautumisensa jälkeen myönteisiä lausuntoja kohtelustaan vankilassa.

Myönteisen kuvan vankilasta antaa myös poliittisena vankina ollut Eli-Margareta Wärnhjelm kirjassaan " I väntan på friheten". Hän kertoo tulostaan ja joutumisesta vankilaan; heitä oli vastassa vahtimestari Mannermaa, joka esitteli itsensä sanoen " Valitettavasti ollaan pakotettuja ottamaan herrasväki vastaan." Myös vankilan muusta henkilökunnasta annetaan Wärnhjelmin kirjassa myönteinen kuva. Selliä, johon heidät sijoitettiin, kuvattiin kirjassa melkein hotellihuoneeksi. Selli oli valoisa ja siisti, ei rumia piirroksia eikä kaiverruksia seinillä, hyvä sänky nukkua, pöytä, pari tuolia ja kirjahylly. [42]

Vartijaneuvoston kokouksen pöytäkirjasta löytyy myös maininta huomautuksesta vahtimestari Mannermaalle siitä, että hän antoi poliittisille vangeille liikaa oikeuksia. Toisaalta vankilan komissaari ja apulaiskomissaari puolustautuivat mm. asioita sodan jälkeen vankilan henkilökunnan osalta selvitettäessä virkarikosoikeuksissa sillä, että he olivat hoitaneet poliittisten vankien asioita ja kohdelleet heitä mallikelpoisesti. Myös poliittiset vangit antoivat tätä tukevia kirjallisia lausuntoja virkaylioikeudelle.
Myönteisen kuvan saaminen saattoi johtua siitä, että henkilökunta oli tottunut huolehtimaan päivittäisestä järjestyksestä ja he hallitsivat tilanteen. Jotkut poliittisista vangeista pitivät henkilökuntaan kuuluvia osittain valkoisina. Joka tapauksessa, ennen 27- 28.4.1918 tapahtunutta murhenäytelmää, vankila olikin

---

[42] Wärnhjelm, Eli-Margareta. 1918. I Väntan på friheten.

joissakin tapauksissa turvallisempi paikka poliittiselle vangille kuin oleskelu vankilan ulkopuolella.

4.3. Epäonnistunut yritys vapauttaa valkoiset poliittiset vangit lääninvankilasta 24.4.1918.

Huhtikuun viimeisellä viikolla (22.4.–28.4.1918) tilanne kaupungissa oli äärimmäisen kriittinen. Valkoisten joukot piirittivät kaupunkia. Kaupunki oli täynnä sinne vetäytyneitä punaisten joukkoja ja siviiliväestöä. Tappio sodassa ja Viipurin menettäminen oli ennustettavissa ja vain ajan kysymys. Punaisten kansanvaltuuskunta pakeni laivalla Pietariin torstaina 25.4.1918, mikä sinänsä oli jo merkki tilanteen toivottomuudesta punaisten taistelijoiden kohdalla ja lisäsi ahdistusta ja sekä sekasortoa kaupungilla. Punaiset yrittivät vielä järjestää kaupungin puolustusta.

 Lääninvankilan suunnalla valkoisten joukot olivat jo viikon alussa Papulanlahden rannalla valmiina hyökkäämään kaupunkiin. Tykistötuli ja ammunta puolin ja toisin Papulanlahden yli oli voimakasta. Vesistö ja punaisten puolustus olivat kuitenkin vielä esteenä hyökkäykselle Papulaan.

Viipurin suojeluskuntalaiset, jotka piilottelivat itseään kaupungissa, olivat valmiit auttamaan valkoisia kaupungin valloituksessa. Valkoisten joukkojen arveltiin hyökkäävän kaupunkiin 23.4.1918. Kenraalimajuri Karl Wilkman hyväksyikin suojeluskuntalaisten avuntarjouksen. Hän lähetti 15- vuotiaan lähettipojan Antti Hirvosen viemään ranskankielisen määräyksen, joka ommeltiin pojan vaatteisiin ja jonka hän toi Viipuriin suojeluskuntalaisille. Määräyksen mukaan valkoisten joukot olisivat 24. päivän iltana Viipurin edustalla ja kehotettiin Viipurin suojeluskuntaa silloin ryhtymään toimintaan.

Määräys tuli Viipurin suojeluskunnan esikuntaan 23.4.1918 kello 11.00. Suojeluskunnan esikunta toimi ripeästi. Jo kello 13 aikaan samana päivänä annettiin suojeluskuntalaisille määräys kokoontua samana päivänä kello 20.00 mennessä. Joukkojen liikkeelle lähtöajaksi määrättiin kello 1 yöllä 23.–24.4. 1918. Tämä Viipurin suojeluskunnan esikunnan määräys sai koko koneiston liikkeelle. Sanomaa levitettiin kymmenkunnan rouvan ja neidon avulla.

Suojeluskunnan Papulan ryhmän kanssa esikunta oli päivän kuluessa kolmeen kertaan kirjeenvaihdossa. Papulan ryhmän tehtäväksi määrättiin kello puoli 1 aikaan yöllä lähteä vapauttamaan lääninvankilan valkoiset poliittiset vangit. Sen jälkeen tämän joukkueen tuli kulkea rautatiepihan poikki Sammonkadulle ja muiden suojeluskuntalaisten kanssa ryhtyä kaupunkia valloittamaan.[43]

Poliittisena valkoisena vankina lääninvankilassa olleen tullivirkailija Karl Karilan muistelmien mukaan vangit olisivat olleet tietoisia mahdollisesta vapauttamisyrityksestä jo viikkoa ennen. Karilan kertoman mukaan tästä olisi kertonut vankilan vahtimestari Alfred Mannermaa. Oliko sitten Mannermaalla todellista tietoa jo noin varhain suojeluskunnan toimista ja kertoiko hän niistä, on epävarmaa. Vai oliko mahdollisesti asiasta vain keskusteltu Mannermaan kanssa ja sen yhteydessä poliittisille vangeille muodostui käsitys suunnitellusta pelastusyrityksestä. Yleisesti Mannermaata pidettiin poliittisiin vankeihin myönteisesti suhtautuvana vankilaa käytännössä johtavana, vaikkakaan ei punaisten valitsemana, johtajana.

Karl Karilan muistelmien mukaan poliittiset vangit odottivat vapautusta 23.–24.4 1918 välisenä yönä. Vapauttajia ei kuitenkaan tullut. Myöhemmin Karila oli kuullut, että Papulan suojeluskuntalaiset olivat kyllä saaneet käskyn

---

[43] H. Nurmio, H. 1919. Viipurin valloitus.

58

vapauttamisesta. Käskyn epätarkkuuden ja siihen liittyen rohkeuden puutteen takia eivät sitten kuitenkaan noudattaneet käskyä. Vangit olivat pettyneitä.[44]

Muualla Viipurissa suojeluskuntalaiset kyllä toimivat. Vankilan ylimmän kerroksen päätyikkunasta Karila oli nähnyt 24.päivän aamuna Patterimäen linnakkeen lipputangossa liehuvan sinivalkoisen lipun merkiksi siitä, että suojeluskuntalaiset olivat vallanneet Patterimäen. Vielä samana päivänä vankilan päätyikkunasta nähtiin lipun muuttuneen valkoiseksi. Patterimäen vallanneet suojeluskuntalaiset joutuivat antautumaan vangeiksi ja heidät vietiin sitten vanhan linnan tiloihin.[45]

Viipurin valtausyrityksen aikataulu oli pettänyt. Valkoisten joukot eivät ehtineet mukaan Viipurin valtausyritykseen. Viipuri jäi vielä punaisille ja poliittiset vangit Viipurin lääninvankilaan.

5. Viipurin lääninvankilan murhenäytelmä 27.-28.4.1918

5.1. Punapäällikkö Hjalmar (Jallu) Kaipiainen saapuu Viipuriin 24.4.

Tilanne Viipurissa viikolla 22.4.- 28.4.1918 oli sekasortoinen, epätoivoinen ja hallitsematon. Punaisten puolustus oli luhistumassa. Kaupunkiin oli viimeisinä päivinä tullut joukoittain muualta paenneita punakaartilaisia, jotka olivat

---

[44] Karila, Karl. Muistelmat. Suomen vapaussodan itsenäisyysarkisto. KA.
[45] Karila, Karl. Muistelmat. KA.

osallistuneet taisteluihin ja väkivallantekoihin muualla ja joilla oli myös tiedossa valkoisten tekemät väkivallanteot. Viipuri oli piiritetty ja osa punaisten johdosta oli paennut laivalla Pietariin. Punaisten joukoissa kuri oli höllentynyt ja monet punakaartilaisryhmät toimivat omin päin.

Rintamalinja kulki lääninvankilan kohdalla Papulanlahden molemmin puolin. Valkoiset olivat jo kerran yrittäneet hyökätä yli Papulanlahden, mutta epäonnistuneet. Uutta hyökkäystä valmisteltiin 27.4. aamulla suurella tykistökeskityksellä. Lääninvankilan aluetta ammuttiin sekä tykeillä että konetuliaseilla. Punaisten ote oli herpaantumassa ja ilmassa heidän osaltaan oli " lopun alkua".

Kaupunkiin perääntyneet ja paenneet punakaartilaiset eivät edustaneet keskiarvoa vallankumoukseen osallistuneista. Rintamalla antautuminen tai kotipitäjään jääminen saattoi olla paras vaihtoehto rivimiehelle ja esikunnan paperitöihin pitäytyneelle. Varmimmin teloitettavat painelivat rintamalta kotoa niin pitkälle kuin pääsivät, Viipuriin saakka. Lappeenrannan seudulta tuli juuri näitä miehiä. Siellä punaiset olivat ehtineet kostaa tappiota ennen lähtöään ja lyödä lukkoon omia kohtaloitaan. Näiden punakaartilaisten joukossa oli myös punapäällikkö Hjalmar Kaipiainen.[46]

Punapäällikkö Hjalmar Kaipiainen syntyi 15.11.1888 Sippolassa. Isä Jaakko ja äiti Anna oli vihitty 1882. Perheeseen syntyi kolme poikaa Hjalmarin lisäksi; Juho Nestori, (s.1885) Emil (s.1892) ja Evert (s. 1895). Perhe muutti 1895 Porvooseen, josta Lappeelle ja sieltä edelleen Lappeenrantaan, josta Joutsenoon 1909. Omien sanojensa mukaan Hjalmar kasvatettiin kotona. Nuoruudessaan Kaipiainen teki seka- ja maalaustöitä. Maalarin ammatti kiinnosti. Hän toimi sahatyömiehenä Joutsenen Honkalahdessa, Lappeen Lamposaaressa ja Taipalsaaressa.

---

[46] Keskisarja, Teemu. 2013.

Ensimmäiset tuomiot hän sai 18-vuotiaana 1907 varkaudesta ja luvattomasta viinanmyynnistä. Kaipiainen joutui rikoksistaan vankilaan neljä kertaa. Lähes kaikki tuomiot tulivat varkauksista. Siihen aikaan pienehköistäkin rikoksista tuli verrattain pitkät tuomiot. Väkivaltarikoksiin ei Kaipiainen ollut syyllistynyt. Nykypäivän mittapuun mukaan häntä voitaisiin pitää pikkurikollisena ja taparikollisena. Viimeinen vankilareissu alkoi 12.11.1915. Tällöinkin oli kyse varkauksista saadusta 3 vuoden kuritushuonetuomiosta. Hänet siirrettiin Viipurin lääninvankilasta pahamaineiseen Kakolaan eli Turun kuritushuoneeseen. Kakolaan tullessa Kaipiainen oli jalkaraudoissa. Kakolan henkilötiedoissa hänen todettiin olevan vartaloltaan lyhyenpuoleinen. Mitään ruumiin vikoja ei ollut. Ymmärrys oli terve. Sairastanut lavantaudin. Käynyt rippikoulun Kakolassa ja 3 luokkaa kansakoulua. Rikoksiaan ei tunnustanut. Vankila-aikana oli saanut varoituksen salakirjeestä ja kerran kurinpitorangaistuksen musteen hankkimisesta luvatta salaisia töitä varten. Kurinpitorangaistus oli tuosta rikkeestä 4 vrk pimeässä kopissa vedellä ja leivällä. Kurinpitorikkomukset olivat vähäisiä ja Kaipiaisen käyttäytymistä Kakolassa voidaan pitää kohtalaisena. Mitään väkivaltaiseen käyttäytymiseen viittaavaa ei ollut. Kaipiainen vapautui Kakolasta 15.11.1917.[47]

Vapautumisen jälkeen Kaipiaisesta tuli Lamposaaren työväentalon vahtimestari 1917. Kaipiainen liittyi punakaartiin. Kapinan puhjettua Kaipiainen sai määräyksen siirtyä Lappeenrantaan, jossa jatkettiin punakaartin harjoituksia. Sitten hän joutui Joutsenon rintamalle Joutsenon kirkonkylään, jossa hän tapasi rintamapäällikkö Viktor Ripatin. Kaipiainen saavutti Viktor Ripatin suosion ja hänet määrättiin Taipalsaaren rintamapäälliköksi helmikuun lopulla. Hän oli myös Lappeenrannan punakaartin jäsen.

---

[47] Turun keskusvankilan arkisto. Henkilöaktit. Hjalmar Kaipiainen. TMA.

Hjalmar Jallu Kaipiainen. Kuva: Turun keskusvankilan arkisto TMA

Hjalmar Kaipiainen oli epäilemättä eräs erikoisempia punaisten päälliköistä. Luonteeltaan hän oli itsepäinen ja joutui siksi vaikeuksiin omiensakin kanssa. Sanottiin, että jos joutui Kaipiaisen kanssa napit vastakkain, niin henki oli hiuskarvan varassa. Omatkin miehet pelkäsivät häntä, mutta toisaalta hän oli sosiaalinen ja hän osasi vetää muita mukaan pahantekoon ja sotimiseen. Häntä kutsuttiin omienkin joukossa Rosvo-Kaipiaiseksi. Kaipiaisella oli aina päässään punainen ranskalaismallinen hattu. Hän oli hyvä laulamaan. Hänellä oli mahtava basso, jolla hän lauloi vallankumousmarssia.[48]

Ennen sotaa Kaipiainen ei kuulunut minkään yhdistyksen johtokuntaan. Sodassa hänestä löytyi kuitenkin luontaista johtajaa. Hänen käytöstään leimasi tietynlainen rehvakkuus, joka veti joukkoja puoleensa. Olemattomat tiedot ja johtamiskokemukset eivät haitanneet, käskeminen riitti. Kaipiainen ei ollut pelkuri eikä vätys. Hän ilmeisesti ymmärsi pääasiat ja kohosi tehtäviensä tasolle.

---

[48] Marko Tikka, Antti Arponen. Koston kevät 1918.

On sanottu, että Kaipiainen osoitti luontonsa Korvenkylän taistelussa 13.helmikuuta. Valkoisten tiedustelija 20-vuotias talollinen Kalle Pellinen jäi punaisten ratsumiesten vangiksi. Kaipiainen ja muuan komppanian päällikkö marssittivat häntä edellään kädet ylhäällä. Pellisellä oli yhä valkoinen nauha hatussa ja hän käyttäytyi uhmakkaasti loppunsa tiedostaen. Hänet pakotettiin juoksemaa avojaloin hangessa. Hengähdystauolla Pellinen sanoi, että ette te kumminkaan Korvenkylään pääse. Kaipiainen ampui häntä pistoolilla päähän. Surmatyön täydensi toinen punakaartilainen. [49]

Hjalmar Kaipainen joukkoineen lähti viimeistä edellisellä junalla Lappeenrannasta Viipuriin keskiviikkona 24.4.1918 iltapäivällä. Hän saapui illalla Viipuriin ja majoittui Suomi hotelliin Repolankadulle. Kaipiaisen joukko oli pienentynyt. Mukana oli ainakin Toivo Kangasmäki, Hilma Nieminen ja Kalle Huomo. Samassa hotellissa asui myös muita punakaartilaisia. Heistä on mainittu ainakin rintamapäällikkönäkin toiminut Walfrid Jalo. Todennäköisesti Emil Ihalainenkin vieraili hotellissa, mahdollisesti myös muut Kaipiaisen tutut. Kaipiaisella oli mukanaan Lappeenrannan esikunnan viinavarasto, jota sitten täydennettiin paikallisesta apteekista varastetuilla rahoilla ostetulla konjakilla. Hjalmar Kaipiaisen morsian Martta Hänninen saapui Viipuriin torstai-iltana 25.4 ja asettui asumaan Kaipiaisen kanssa Suomi-hotelliin. Hjalmarin Evert oli saapunut Viipuriin keskiviikkona 24.4. ja viettänyt aikaansa rautatieasemalla, jossa hän lauantai-aamuna 27.4 tapasi veljensä ja meni hänen mukaansa Suomi hotelliin.

---

[49] Teemu Keskisarja. 2013.

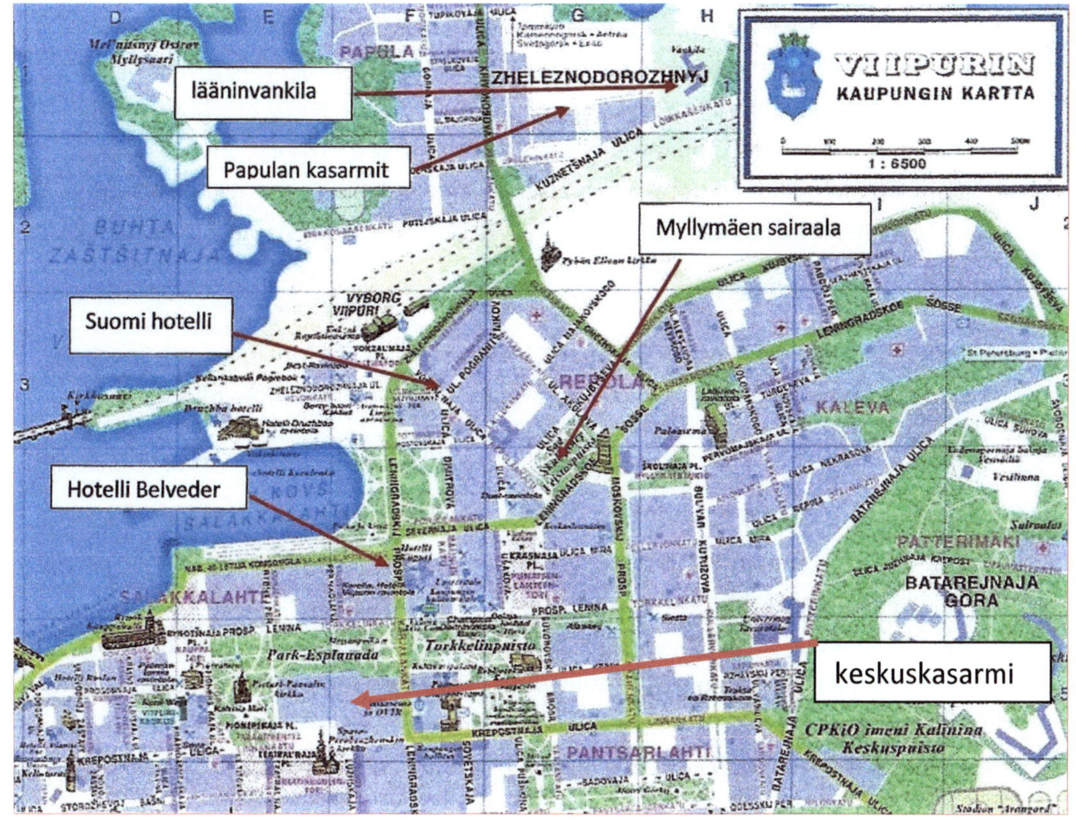

Viipurin kartta

Kartan mukaan Suomi hotelli, jonne Kaipiainen joukkoineen majoittautui, sijaitsi lähellä rautatieasemaa. Hotellista oli matkaa Papulan kasarmeille ja lääninvankilaan vain vähän yli kilometri. Lähellä oli myös Myllymäen sairaala

Martta Hänninen oli 25 – vuotias räätäli, joka oli kotoisin Lappeen pitäjän Armilan kylästä. Hänellä oli 1913 syntynyt avioton poika. Kirkonkirjojen mukaan hän oli puhdasmaineinen. Lappeenrannan suojeluskunnan mukaan häntä ei oltu mistään rangaistu. Samoin ilmoitti poliisi. Työnantajaltakin tuli kiittäviä lausuntoja.

Hänninen kertoi liittyneensä punakaartiin taloudellista syistä ja toimineensa punaisten Lappeenrannan esikunnassa lähettinä, joka kuljetti postia Helsinkiin, Tampereelle ja Viipuriin. Kaipiaisen hän oli tuntenut jo lapsuudestaan, mutta tavannut uudestaan Lappeenrannassa tammikuussa 1918 kapinan puhjettua. Kaipiainen oli silloin ollut tavallinen punakaartilainen ja seurustelu oli alkanut. Kihloihin he menivät 22.4. mutta sopivat keskenään, että kihlaus julkaistaan vasta 28.4.[50]

Toivo Kangasmäki oli talollinen Lemiltä. Hän oli toiminut jonkin aikaa punaisten vakoiluosaston päällikkönä Lappeenrannassa ja Hilma Nieminen oli saman vakoiluosaston jäsen.

Perjantaiaamuna 26.4. Hjalmar Kaipiainen osallistui Viipurin vanhassa linnassa pidettyyn yleiseen punaisten kokoukseen, jossa Kaipiainen omien sanojensa mukaan oli määrätty itäisen rintaman päälliköksi. Kaipiainen oli näyttänyt morsiamelleen Martta Hänniselle saamansa valtakirjan. Kertomansa mukaan Kaipiainen ei kuitenkaan olisi osallistunut taistelujen johtamiseen muutoin kuin antamalla rautatieasemalla määräykset ampumatarvikkeiden viemisessä taistelupaikoille. Tässä kohden Kaipiainen vähättelee toimintaansa. Martta Hänninen kertoo, että näki vain vähän sinä päivänä sulhastaan. Ilmeisesti Kaipiainen liikkuikin sekä torstaina että perjantaina 26.4.kaupungilla järjestelemässä asioita, mutta ei halunnut kertoa siitä.[51]

---

[50] VRYO 27583 Martta Hänninen. KA
[51] Valtiollisen poliisin I arkisto. 28 asiamapit 2778. KA

5.2. lääninvankila aamulla 27.4.

Aamulla lauantaina 27.4.1918 vankilassa oli levotonta. Tilanne oli odottava ja jännittynyt. Yön aikana olivat Papulanlahden toisella rannalla hyökkäykseen valmistautuvat valkoisten joukot ampuneet tykeillä sekä konetuliaseilla Papulanlahden yli vankilan alueelle. Ampumista kuului myös kaupungin muilta laidoilta. Vankila oli täynnä. Paitsi tavallisia kriminaalivankeja vankilan muurin ja jykevätekoisen vankilarakennuksen sisällä oli poliittisia vankeja, töissä olevaa henkilökuntaa ja vankilaan suojaan tulleita henkilökunnan jäseniä perheineen sekä sivullisia siviilihenkilöitä.

Vankilaa käytännössä johtanut talousmestari Alfred Mannermaa oli vankilassa. Päiväpalvelukseen määrätty henkilökunta oli paikalla ja vankilan aamutoimet oli aloitettu. Mannermaa oli huolestunut tilanteesta. Hän oli antanut jo 24.4. vartijoille määräyksen siitä, että ulkopuolisia ei saa laskea portista sisään vankilaan.

Aamulla kello 7-8 aikaan vankilan portille ilmestyi vankilan portille punakaartilaisjoukko ja vaati pääsyä vankilan sisälle tapaamaan Alfred Mannermaata.

Joukkoa johti punapäällikkö Emil Ihalainen. Hän oli 25- vuotias työmies Viipurin pitäjän Tiiliruukin kylästä. Hän asui perheineen, johon kuului vaimo Anna Julia ja kaksi pientä lasta, Tikkutehtaankatu 59:ssä. Ennen sisällissotaa Ihalainen oli ollut töissä Viipurin sähkötehtaalla yli 1,5, vuotta. Erosi tai joutui eroamaan elokuussa 1917. Ihalainen joutui Viipurin lääninvankilaan 2.10.1917 ensin tutkintavankina ja sitten vankeusvankina tuomittuna 6kk ehdottomaan vankeusrangaistukseen varkaudesta. Aikaisemmin Ihalainen oli ollut vankilassa tuomittuna useasti

Talousvahtimestari Alfred Mannermaa johti käytännössä Viipurin lääninvankilan toimintaa punaisten vallan alla. Hän ei ollut punaisen hallinnon valitsema, mutta hän oli virka-asemaltaan korkein vankilan virkamies, joka jäi hoitamaan tehtäviään. Häntä oli mm. poliittisten vankien taholta pyydetty jäämään palvelukseen ja hän nautti myös palvelukseen jääneen henkilökunnan luottamusta. Hän pystyikin henkilökunnan kanssa hoitamaan vankilan toiminnot varsin hyvin aina murhenäytelmän alkuun asti.

varkaudesta, näpistyksestä, kavalluksesta ja ryhtymisestä varastettuun tavaraan. Tällä erää Ihalainen vapautui 8.3.1918 punakaartiviranomaisten toimesta. Rangaistusta olisi ollut tuolloin jäljellä enää puoli vuotta. Ihalainen siis tunsi Viipurin lääninvankilan ja sen henkilökunnan ja päinvastoin. Ihalainen oli kuitenkin pikkurikollinen ja tuomiot olivat verraten lyhyitä.

Ihalainen liittyi punakaartiin heti vapauduttuaan ja sai palkkaa sekä varustuksen, vaatteet ja revolverin. Ihalaisesta löytyi soturinominaisuuksia. Hän kohosi pian suurehkon joukon päälliköksi. Hän toimi jonkinlaisena punapäällikkönä Pullilan taistelussa ja kohosi alarintaman päälliköksi siinä vaiheessa, kun tappio alkoi häämöttää. Peräännyttäessä Ihalainen oli Kavantsaaren asemalla polttamassa rakennuksia ja viljavaunuja. Hän saapui Viipuriin viimeistään 26.huhtikuuta. Hänen tiedetään liikkuneen kaupungilla etsimässä lääninvankilan pastori Frimannia ampuakseen tämän. Kun joku häneltä kysyi syytä, vastasi Ihalainen, että " nyt ei ihmishenki paljoa paina".

Ihalainen liikkui paljon kaupungilla. Todennäköisesti hän tapasi Suomi hotelliin majoittuneita punaisia. Ihalainen toimi myös punaisten esikunnassa. Hänen mainitaan olleen jonkinlainen muonitus- majoitus- ja vaatetuspäällikkö. [52] [53]

Ihalaisen tullessa joukkoineen 27.4. aamulla vankilan pääportille oli portilla työvuorossa portinvartija Stenberg. Ihalainen sanoi haluavansa päästä Mannermaan juttusille. Portinvartija laski hänet pääportista, vaikka ulkopuolisten pääsy vankilaan Mannermaan määräyksellä oli jo 24. päivästä lähtien kielletty. Ehkä hän katsoi, että Ihalaisen voi, ilman vaaraa, laskea tapaamaan Mannermaata, etenkin kun Ihalaisen seurassa porttia avatessa oli vain kaksi punakaartilaista. Ihalaisen astuttua avatusta portista vankilan pihalle avatusta portista, livahti kolme muuta punakaartilaista sisään.

---

[52] VRYO. 27153 Emil Ihalainen. KA
[53] Teemu Keskisarja. 2013

Ihalaisen joukko marssi suoraan portista vankilan ensimmäisessä kerroksessa sijainneeseen vankilan toimistoon, jossa Mannermaa oli heitä vastassa. Ihalainen sanoi Mannermaalle tulleensa hakemaan pistooleita vankilasta "esikunnan herrojen käyttöön". Näillä ei kuulemma ollut tarpeeksi pistooleja ja kiväärien kantaminen ratsastaessa ja pyöräillessä oli hankalaa. Mannermaa kieltäytyi jyrkästi luovuttamasta aseita sanoen vankilan henkilökunnan tarvitsevan niitä virantoimituksessa. Mannermaa vetosi myös siihen, että aseet olivat henkilökunnan hallussa eikä hän tiedä niiden kaikkien sijaintipaikkaa. Ihalainen vaati kuitenkin edelleen pistooleita ja lupasi toimittaa tilalle kivääreitä vankilaan. Ihalaisen vaatimukset saada pistoolit haltuunsa tulivat yhä jyrkemmiksi. Mannermaa suostui vaatimukseen sanoen paikalla olleille vartijoille "annetaan aseet jotta noista vain päästäisiin eroon", Hän kehotti paikalla olleita vartijoita antamaan aseensa. Vartijat luovuttivatkin 5 käsiasetta Ihalaiselle. Mannermaan vaatimuksesta Ihalainen kirjoitti kuitin saamistaan aseista. Punakaartilaisten joukkoon kuulunut kaartilainen luovutti kiväärinsä vankilalle jonkinlaisena korvauksena pistooleista. Ihalainen myös lupasi toimittaa myöhemmin vankilaan kivääreitä luovutettujen pistoolien tilalle. Tämän jälkeen Ihalainen joukkoineen poistui vankilasta.

Ihalaisen joukon käynti vankilassa ei jäänyt siellä olleilta vangeilta eikä henkilökunnalta huomaamatta. Asiasta keskusteltiin henkilökunnan ja myös poliittisten valkoisten vankien kanssa. Ihalaisen lupauksiin ei luotettu. Lisäksi Ihalainen oli luvannut toimittaa aseet vasta seuraavana päivänä. Vankila taasen tarvitsi aseita järjestyksen ja turvallisuuden hallitsemiseksi. Mannermaan johdolla päädyttiin siihen, että yritetään itse hankkia aseita vankilaan menetettyjen aseiden tilalle. Kuvaavaa tilanteelle oli se, että kaupungille päätettiin lähettää vankilassa ollut maisteri Paavo Viitanen sekä vankilan työnvalvoja Saario ja vartija Suhonen. He palasivat vankilaan n. klo 2 iltapäivällä. He olivat onnistuneet hankkimaan kaupungilta 10 kivääriä sekä panoksia ja tuomaan ne vankilaan. Vankilassa kiväärit sijoitettiin toimistokerroksen kaappiin.[54] [55]

5.3. Punapäällikkö Hjalmar (Jallu) Kaipiainen lähtee vankilaan

Lauantaiaamuna 27.4. Kaipiainen on ollut liikkeellä. Kuulustelupöytäkirjojen mukaan hän tapasi aamulla veljensä Evertin rautatieasemalla ja oli vienyt hänet hotelli Suomeen, jossa olivat tuolloin olleet mm. Martta Hänninen ja Hilma Nieminen. Evert kertoo kuitenkin palanneensa kohta takaisin asemalla, josta palasi noin kello 5 aikaan hotelliin. Hotellissa Evert tapasi tytöt, Hjalmarin, Kalle Huomon ja Väinö Pihlajamäen. Miehet olivat olleet vahvasti juovuksissa.[56]

 On varsin todennäköistä, että Kaipiainen aamulla liikkuessaan kaupungilla sai tietoonsa Emil Ihalaisen käynnin lääninvankilassa aseita hankkimassa. Sitä vastoin olettamus Ihalaisen aamuisen vankilassa käynnin ja Kaipiaisen illalla käynnin liittymisestä suunnitelmallisesti tapahtumaketjuun jää, ilman todisteellista näyttöä, vain arvailujen varaan. Totta oli se, että Ihalainen oli punaisten esikunnassa jonkinlainen päällikkö Toisaalta hän tiesi entisenä lääninvankilan vankina vartijoiden aseistuksen. Vankila oli muutenkin hänelle tuttu paikka.

Joka tapauksessa Hjalmar Kaipiainen ei ollut sen punakaartilaisjoukon mukana, joka lauantaiaamuna 27.4. Emil Ihalaisen johdolla vei lääninvankilan vartijoilta

---

54 Mm. VRYO 27153. Ihalainen, Emil. VRYO 27538. Saario, Eerik. KA
55 H.J. Boström on kirjassa "Sankarien muisto" kertonut, että murhaajajoukkion pääjohtajina oli jonkinlaiseen upseeritakkiin pukeutunut Ihalainen". Ihalainen ei ollut sen joukon johtaja, joka teki murhat. Joukon johtaja toimi Hjalmar Kaipiainen ja hänen haavoituttuaan Albin Piskonen.
56 EK/Valpo I.AMp 2778. KA.

aseet. Kaipiainen oli lähes koko lauantaipäivän iltapäivään asti hotellissa juopottelemassa. Seurueeseen kuuluivat ainakin Martta Hänninen, Hilma Nieminen, Kalle Huomo ja Väinö Pihlajaniemi. Keskusteluissa varmasti puhuttiin tilanteesta Viipurissa ja sivuttiin lääninvankilan tapahtumia sekä puhuttiin lääninvankilassa olleiden vankien vapauttamisesta.

Iltapäivällä n. kello kolmen aikaan Kaipiainen juotuaan, ainakin puoli pulloa konjakkia, ilmoitti lähtevänsä kaupungille ja viipyvänsä siellä ainakin tunnin. Hän sanoi menevänsä Papulan rintamalle. Mukaan hän otti väkeviä. Hänen mukaansa lähtivät Evert Kaipiainen, Toivo Kangasmäki, Hilma Nieminen, Kalle Huomo ja eräs vanhempi mies, jonka nimeä ei tiedetty. Heistä kuitenkin vain Kalle Huomo ja tuntematon mies seurasivat Kaipiaista lääninvankilaan.

Oman kertomansa mukaan Kaipiainen lähdettyään hotellista ja kadulla ratsastaessaan huomasi tulipalon lääninvankilan suunnalla. Kun hän sai kuulla tulipalon olevan lääninvankilassa, päätti hän lähteä sinne vankeja pelastamaan. Ratsastaessaan Papulan kasarmien ohi Kaipainen oli poikennut sinne ja ottanut sieltä mukaansa 10 miestä, joista muisti vain Albin Piskosen nimeltä. Vankilan alueelle saavuttuaan Kaipiainen sanoi huomanneensa, että vankilan vieressä olleet puukasat olivat syttyneet tuleen ja että vankilassa olleille ei tulipalosta aiheutunut mitään vaaraa. Vankilaa kohti kuitenkin ammuttiin jatkuvasti tykeillä ja pari ammusta oli osunut vankilan alueelle. Omien sanojensa mukaan Kaipiainen oli kumminkin päättänyt viedä vangit turvallisempaan paikkaan.[57]

---

[57] EK/Valpo I AMp 2778. KA.

5.4. Murhenäytelmä alkaa.

Kaipiainen joukkoineen meni vankilan pääportille ja pyrki vankilaan sisälle. Hän käski portinvartijaa avaamaan portin. Tämä oli kuitenkin sanonut menevänsä etsimään vahtimestaria eikä avannut porttia. Kaipiaisen odottaessa joukkoineen portin ulkopuolella ja valmistautuessa murtamaan portin paikalle ilmestyi vankilan puutöiden valvoja, eräs pitkä hoikka mies, tulipalosta päin. Kun Kaipiainen kertoi hänelle pyrkivänsä sisälle, oli tämä mies kertonut, että vankilan sisälle pääsee myös takaportin kautta.[58]

Kaipiaisen joukko ryntäsi takaportille, joka oli auki. Siitä joukkue pääsi vankilan pihalle, josta joukko jatkoi matkaansa suoraan vankilan kansliaan. Siellä se kohtasi vahtimestari Mannermaan ja joukon vartijoita ja vaati heitä avaamaan pääportin. Pääportti avattiin ja lisää punakaartilaisia tuli pihalle. Tilanne tuli yllättäen niin Mannermaalla kuin vartijoillekin. Mitään suunnitelmia tilanteen hallitsemiseksi ei ehditty tehdä. Aikaisemmin kaupungilta hankitut kiväärit, jotka oli hankittu järjestyksenpidon turvaksi, jouduttiin luovuttamaan Kaipiaisen joukolle vartijahuoneen kaapista, johon ne oli päivällä sijoitettu.

---

[58] EK/Valpo I AMp 2778. KA

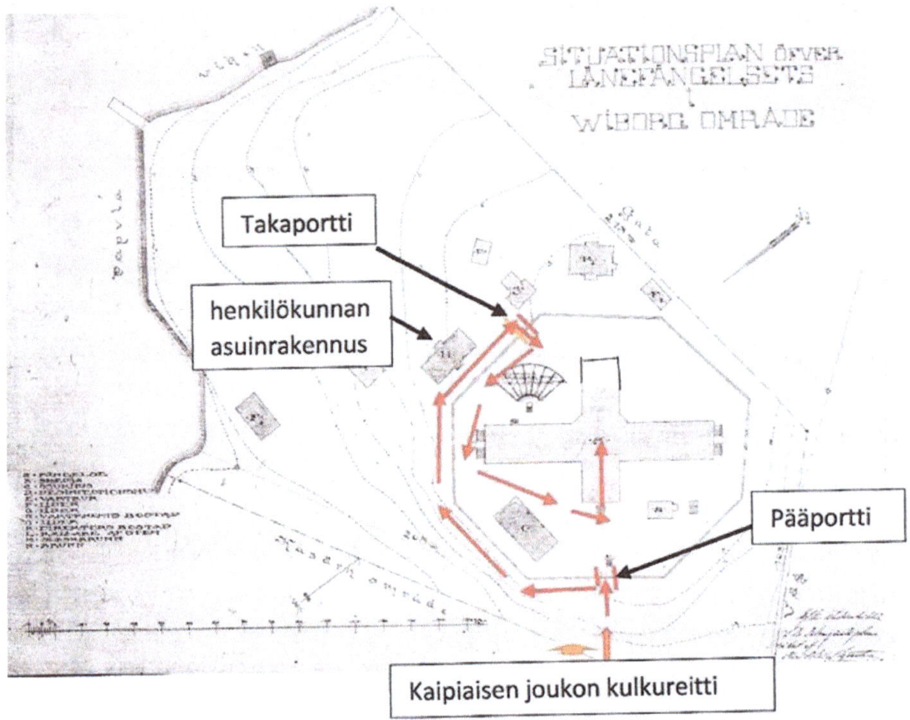

Hjalmar Kaipiaisen reitti kulki Suomi hotellista Papulan sillan kautta
kasarmialueelle, joka oli aivan vankilan vieressä. Kasarmilta Kaipiainen
hali lisää miehiä joukkoonsa ja suuntasi kohti lääninvankilaa.

Vankilan takapihan pieni portti, josta Kaipiainen joukkoineen pääsi vankilaan
sisälle, oli lähinnä henkilökunnan käytössä. Vankilan takana asunut henkilökunta
käytti sitä töihin mennessään ja töistä palatessaan. Tulipalo tällä vankilan
henkilökunnan asuntoalueella oli syttynyt klo 4 aikoihin joko pommituksessa tai
muusta syystä johtuen. Vankilan sisällä olleet vartijat, joista osa asui vankilan
alueella ja palavassa talossa, halusivat, että osa vartijoista ja poliittiset vangit
lähtisivät pelastamaan arvokkainta omaisuutta palavasta rakennuksesta.
Erityisesti puhuttiin johtaja Stråhlmanin tauluista. Poliittisten vankien taholta
vastustettiin ehdotusta. Tiedettiin punaisten ketjun kulkevan aivan vankilan portin

vieritse ja heidän konekiväärikomppaniansa toimivan johtaja Stråhlmanin asuinrakennuksen pihalla. Toisaalta poliittiset vangit olivat halunneet päästä sammuttamaan paloa. Tähän sitten suostuttiin ja portti avattiin.

Vankilassa huomattiin Kaipiaisen joukon tulo vankilan sisäpihalle. Yhteishuoneen ikkunasta näki vankilan takapihalle. Ruuman Ikkunasta nähtiin, mitenkä avatusta portista tunkeutui pihalle ainakin kahdeksan aseistettua punakaartilaista raahaten mukanaan johtaja Stråhlmania. Kahdella revolverilla aseistettu johtaja edellä joukko hyökkäsi meluten ja kiroillen vankilarakennukseen, muutamien heistä kiiruhtaessa avaamaan vankilan pääporttia, josta ryntäsi pihalle suurempi joukko punakaartilaisia.
Kamreeri Saastamoinen, joka oli poliittinen vanki, näki yhteishuoneen ikkunasta punakaartilaisten tulon. Hän ryntäsi alakerran käytävälle huutaen " punaiset tulevat sisään vankilaan". Kaipiainen, joka oli jo tuolloin vankilan käytävällä, hyökkäsi Saastamoisen kimppuun pitäen revolveria vasemmassa kädessään. Hän otti Saastamoista toisella kädellä rinnuksista ja työnsi hänet seinää vasten. Kaipiainen kysyi hänen nimeään ja ammattiaan ja työnsi hänet sitten yhteishuoneeseen.[59]

Vankilaan sisälle päästyään Kaipiainen oli oman kertomuksensa mukaan antanut Mannermaalle käskyn päästää vangit ulos selleistään. Mannermaa oli noudattanut käskyä ja antanut saman käskyn vartijoilleen. Kaipiainen kertoo myös antaneensa Mannermaalle määräyksen maksaa rikosvangeille heidän rahansa ja palkkansa vankila-ajalla tekemästään työstä. Tähän tarkoitukseen Mannermaa oli antanut Kaipiaiselle 100 markkaa. Lisäksi rikosvangeille määrättiin annettaviksi siviilivaatteet.[60]

---

[59] EK/ Valpo I AMp 2778. KA.
[60] EK/Valpo I AMp. 2778. KA

Hjalmar Kaipiaisen määräyksestä kaikkien vankien, niin poliittisten kuin tutkinta- ja rangaistusvankien oli kokoonnuttava alakäytävälle. Sinne he pian, monet vartijain yhä uudistamista kehotuksista johtuen kerääntyivätkin. Kaikki valkoiset poliittiset vangit olivat pukeutuneet päällysvaatteisiin valmiina ulos lähtöön. Jostain oli tullut huhu, että punaiset ottavat vankilan turvapaikakseen ja kuljettavat vangit johonkin toiseen paikkaan kaupungilla tai mahdollisesti rintamalle. Käytävällä vangit jaettiin kahteen osastoon paririviin. Toiseen osastoon määrättiin ne, jotka olivat vangin vaatteissa. Siihen joukkoon joutui muutama poliittinen vankikin. Näille rikosvangeille Kaipiainen määräsi annettavaksi omat vaatteet. Toiseen osastoon siirrettiin kaikki ne, jotka olivat omissa vaatteissa. Tähänkin joukkoon mahtui muutama rangaistusvanki. Sitten Kaipiainen alkoi revolveri kädessään siviilivaatteissa olevilta vangeilta yhdeltä toisensa perään kysymään, mistä häntä syytetään. Ensimmäinen vanki, jota Kaipiainen kuulusteli, oli talollinen Tuomas Kiiski Muolaasta. Kiiskiä, joka oli hermostunut ja jolla oli lievä puhevika ja joka ei heti saanut sanotuksi, mistä häntä syytetään, Kaipiainen ampui häntä revolverilla omien sanojensa mukaan päähän, jolloin Kiiski kaatui lattialle. Todistajalausuntojen mukaan Kaipiainen ampui kolmasti Kiiskiä ja vasta kolmannella laukauksella Kiiski kaatui.[61] Sitten Kaipiainen jatkoi kuulusteluaan ja kun joku sanoi olevansa syytetty jostakin rikoksesta, hänet siirrettiin vangin vaatteissa olevien joukkoon. Kaikki ne vangit, jotka ilmoittivat vangitsemisen syyksi "vastavallankumouksellisuuden" siirrettiin ensimmäisen kerroksen yhteishuoneeseen eli ruumaan, joka oli kahdeksankanttinen noin 6 x 6 metrin suuruinen ristikkoikkunalla ja samanlaisella ulkoapäin lukittavalla ovella varustettu huone. Sinne siirrettiin kaikkiaan 42 miestä. [62]

---

[61] H.J. Boström kirjassaan Sankarien muisto kertoo ensimmäisten uhrien olleen kansanedustaja Pietinen, arkkitehti Ikonen, vankilan vahtimestari Ahlgren ja ratainsinööri Tallgren. Näin ei ollut. Ensimmäisenä ammuttiin Tuomas Kiiski ja sen jälkeen ja sen jälkeen yhdessä Pietinen, Ikonen, Tallgren ja Mielonen.

[62] Lehdet Karjala ja Wiipuri, toukokuu 1918. Hjalmar Kaipiaisen kuulustelupöytäkirja. EK Valpo AMp.2778.

Jonkin ajan kuluttua Kaipiainen tuli yhteishuoneeseen ja uhkasi tappaa vangit, joille hän myönsi 25 minuutin ajan kuolemaan valmistautumista varten. Kun n. kello 7 aikaan illalla Kaipiainen tuli uudestaan huoneeseen kysymään ampuma-aseita, joita ei tietysti kenelläkään ollut, yritti tehtailija Pietinen keskustella Kaipiaisen kanssa. Kaipiainen, joka oli selvästi päihtynyt, ei suvainnut aloittaa keskustelua. Kaipiaiselle yritettiin selittää poliittisten vankien murhaamisen mielettömyys ja vedottiin myös kansainvälisiin lakeihin. Mikään ei tuntunut vaikuttavan Kaipiaisen päätökseen.[63]

Oven sulkeuduttua huoneeseen jääneet vangit kokivat tilanteen äärimmäisen ahdistavaksi. Äsken nähty Kiisken murha käytävällä, antoi heille jokaiselle käsityksen siitä, millainen kohtalo heitä odotti. Lamaantuminen ja avuttomuus kuvastuivat useimman kasvoista ensimmäisinä minuutteina. Puristettiin käsiä hyvästiksi, sillä uskottiin, että punaiset heittävät pommeja sisään ja murhaavat kaikki samalla kertaa. Sitä mukaa kun aika kului, kasvoi tyyneys ja levollisuus muutamissa vangeissa. Yritettiin kirjoittaa omaisille viimeistä tervehdystä. Jotkut vaipuivat täydelliseen epätoivoon. Insinööri Taavi Siltanen puhui muutamia rohkaisevia sanoja sekä samalla ilmoitti omistavansa pienen revolverin. Hän sanoi aikovansa sopivassa tilaisuudessa käyttää sitä tiedustellen tämän johdosta toisten mielipidettä. Useimmat olivat aseen käyttöä vastaan, kun taas toiset puolustivat. Lopulliseksi päätökseksi tuli, että hän saa käyttää asetta vasta sitten kun varmasti ollaan selvillä, että yleinen murhaaminen on kysymyksessä. Odotusaika tuli pidemmäksi kuin oli luvattu. Kuului muutamia laukauksia ja huutoja, että suuri vankien rääkkääjä Ahlgren on nyt saanut surmansa.

Odottelu yhteishuoneessa kestikin kauemmin kuin Kaipiaisen lupaamat 20 minuuttia. Yhteishuoneeseen kuului käytävältä kiivasta keskustelua. Toiset

---

[63] EK Valpo I AMp. 2778. KA

kannattivat maltillista suhtautumista tilanteeseen, toiset taasen vaativat vankien tappamista. Tässä kiivaassa sanavaihdossa näyttivät juuri vapaaksi naisosastolta päässeet rikosvangit, jotka olivat lyöttäytyneet punaisten kanssa, vaativan äänekkäimmin vankien tappamista.

Puolen tunnin kuluttua yhteishuoneen ovi avattiin ja Kaipiainen astui sisälle käskien kovalla äänellä neljä miestä käytävälle. Matti Pietinen, Leander Ikonen ja Johan Tallgren astuivat esiin. Tuli hetken hiljaisuus. Kaipiainen toisti käskynsä "neljä miestä käytävälle". Sitten hän kääntyi Juho Mielosen, joka seisoi lähinnä ovea, puoleen sanoen " tule sinä neljäntenä." Temmattuaan Mielosen mukaansa ovi suljettiin.[64]

Yhteishuoneessa olevat kuulivat sanat " tähdätkää, laukaiskaa". Seurasi yhteislaukaus.

Yhteishuoneessa olevat tiesivät nyt, että neljä heistä oli ammuttu käytävällä.[65]

---

[64] Jaakko Paavolainen " Poliittiset väkivaltaisuudet Suomessa" sen ensimmäisessä osassa mainitsee, että joukko ampui aluksi neljä henkilöä: Karjalan kansalaisliiton puheenjohtajan arkkitehti Leander Ikosen, tehtailija matti Pietisen, ratainsinööri Johan Tallgrenin ja vankilan vahtimestari Magnus Ahlgrenin. Näin ei ollut, vaan ensimmäinen ammuttu oli talollinen Tuomas Kiiski. Sen jälkeen ryhmä ammuttiin Ikonen, Pietinen, Tallgren ja Mielonen. Ei siis Ahlgren ollut tässä joukossa. Ahlgrenia etsittiin vankilasta ja hänet löydettiin kellarikerroksesta ja ammuttiin. Paavolainen pohtii kirjassaan myös mahdollisuutta, että joku oli saanut tehtäväkseen tulla lääninvankilaan tehtävää suorittamaan. Tähän mahdollisuuteen Paavolaisen mukaan viittaa se, että aluksi ammuttiin mainitut neljä henkilöä, joista kolmen surmaamiseen ehkä oli vallankumouksellisen terrorin kannalta perusteltu syytä. On ainakin lähellä, että näiden tärkeimpien henkilöiden surmaaminen oli joukon varsinainen tehtävä. Sen sijaan myöhemmin illalla ja yöllä jatkuneet murhat olisivat sen omalla tilillä. Paavolaisen pohdinnat eivät myöhäisempien ja tämänkään tutkimuksen perusteella pidä paikkaansa ensi vaiheessa ammuttujen osalta eikä Paavolaisen esittämää ajatusta joukolle annetusta tehtävästä voida pitää perusteltuna myöhempien selvitysten valossa. Muilta osin Paavolaisen kirja kuvaa hyvin tapahtumien kulun murhayönä.

[65] Karila, Karl muistelmat. KA.

Nyt viimeisellekin yhteishuoneessa olevalle epäilijälle selvisi hänen oma kohtalonsa. Enää ei ilman vastarintaa haluttu joutua ammutuksi. Puolustustahto heräsi ja tahdottiin puolustautua viimeiseen hetkeen asti. Joukko järjestäytyi siten, että yhteisen päätöksen mukaan insinööri Siltanen asettui ovenpieleen valmiina toimimaan aseellaan niin pian kuin ovi seuraavan kerran avattaisiin. Heti hänen taakseen asettuivat Kekki ja Kemppi vahvimpina miehinä joukosta. Muut varustautuivat kaikenlaisilla huoneesta löytyvillä esineillä kuten pulloilla, kupeilla ym. Kun seuraavan kerran ovi avattiin ja kuului komennus "viisi seuraavaa miestä kongille", kohotti ins. Siltanen aseensa, joka oli pieni 7-panoksinen taskurevolveri ja ampui johtajaa kohti kaksi laukausta ja komensi " nyt ulos". Siltanen hyökkäsi itse ensimmäisenä ulos sellistä ja ryhtyi käsirysyyn, revolveri oli pudonnut hänen kädestään, yhdessä muiden käytävälle ehtineiden kanssa roistojen kanssa.

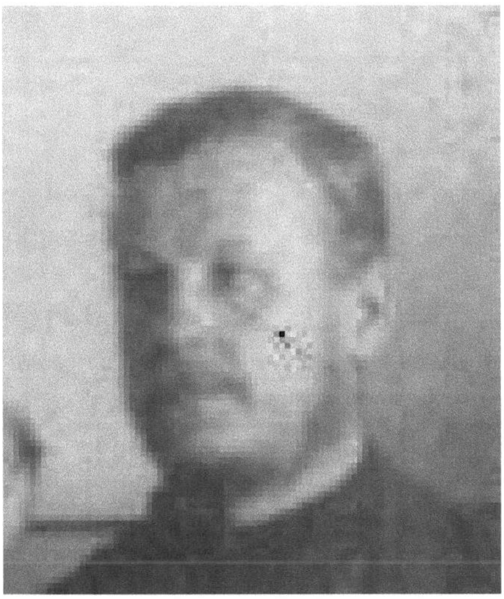

Insinööri Juha Taavi Siltanen (s. -78) oli niiden poliittisten vankien joukossa, jotka olivat yhteishuoneessa ja joita punaiset ryhtyivät ampumaan. Toimi tilanteessa kohtalotovereiden tukena ja lohduttajana. Järjesti uloshyökkäyksen yhteishuoneesta. Hänestä tuli myöhemmin Viipurin apulaiskaupunginjohtaja ja kaupunkineuvos.

Koska oviaukko oli kovin kapea ja koska toinen puoli ovesta oli edelleenkin lukittuna, ei ensimmäisessä ulospääsy-yrityksessä käytävälle ehtinyt väkeä riittävän paljon ja kyllin nopeasti, jotta hyökkäys olisi täydellisesti onnistunut. Läpi pääsi ins. Siltanen, johtaja Puhakka sekä Jahnukainen ja Kekki. Näistä Puhakka ja Kekki pakenivat vankilan kellarikerrokseen ja piiloutuivat sinne. Kekki löydettiin seuraavana aamuna. Hänet raahattiin verissään jälleen esille. Häneltä oli kahakassa ammuttu vasemmasta kädestä peukalo ja kaksi sormea poikki. Puhakka oli piilossaan aina seuraavan maanantain iltapäivään asti ja pääsi kahakasta haavoittumatta. Siltanen ja Jahnukainen pakenivat kumpikin eri selliin. Siltasen, jota oli haavoitettu pistimellä, löysivät punakaartilaiset aamulla ja raahasivat alakerrokseen, samaan koppiin verissään olevan Kekin kanssa. Jahnukainen pysyi piilossaan maanantaihin kello puoli kymmeneen ja pääsi tapahtumasta haavoittumatta. Punaisten johtaja Kaipiainen haavoittui olkapäähän osuneesta luodista.[66]

 Vankien voimakas ryntäys ulos yhteishuoneesta yllätti aluksi käytävillä seisseet punakaartilaiset. Pian punaiset avasivat tulen sellistä ulostyöntyviä miehiä kohtaan. Ampuminen kävi juovuksissa olevilta miehiltä kuitenkin huonosti. Vankien onnistui siepata mukaansa kaksi kivääriä, joissa kummassakin tosin oli enää yksi patruuna jäljellä.[67]
Kiihkeässä ristitulessa sai surmansa tässä vaiheessa ainakin tehtailija Inkinen ja ylioppilas Wahl haavoittuneista puhumattakaan. Siepatut kiväärit anastivat maanviljelijä Kemppi ja todennäköisesti toimittaja Puhakka. Näin varustettuna tehtiin uusi uloshyökkäysyritys, mutta jälleen ammunta kummastakin päästä käytävää pakotti vangit perääntymään. He ehtivät kuitenkin temmata mukaansa lähinnä seisovan punakaartilaisen, jolta toimittaja Suominen sai ovella pullolla isketyksi pään halki ja nimismies Hirvonen rakennusmestari Laitisen ja kauppa-apulaisen Toivosen avulla anastetuksi kiväärin, joka oli tyhjä. Kaatuneen punakaartilaisen taskusta löytyi kuitenkin kaksi patruunaa.

---

[66] Lehdet Karjala ja Wiipuri. toukokuu 1918.
[67] Eerola,Jari & Eerola, Jouni: 1998.

Kun tämäkin uloshyökkäysyritys oli vaatinut vankien joukosta monta uhria.
Ainakin vahtimestari Tilli sai surmansa ja maanviljelijä Kemppi haavoittui. Silloin
päätettiin oviaukko sulkea huoneessa olevilla rautasängyllä, pöydällä ym. tavaralla
rakentamalla barrikaadi oven eteen, jotta punaiset eivät olisi päässeet sisään. Kun
ovi, joka oli verrattain harvaristikkoinen kalteriovi ja sänkyjen pohjat samoin
suuriaukkoista ristikkoa, ei barrikaadi pystynyt suojelemaan ruumassa olevia
ammunnalta käytävältä käsin, mutta esti kuitenkin punakaartilaisten sisään
tunkeutumisen. Aina kiihkeimmän ammunnan aikana ruumassa olleet makasivat
lattialla suojellakseen itseään. Ammunnan hetkeksi tauottua käytiin barrikaadia
korjaamassa. Kun punakaartilaiset kahden naisrikosvangin, joista toinen oli
nimeltään Koponen, opastamina olivat siirtyneet kävelypihalle ja ryhtyivät sieltä
ampumaan ikkunan kautta ruumaan, muodostui tilanne ruumassa vielä
tukalammaksi.[68]
Muistelmissaan tullivirkailija Karl Karila (ent. Karlsson), joka oli myös yhteissellissä,
kuvailee tapahtumia seuraavasti; " Käytävässä olevat punaiset luulivat meillä
olevan useampia kiväärejä sekä suuren varaston panoksia, koska huusimme
tovereillemme " Tuokaa sata panosta tänne ja lisää kivääreitä. Seuraus tästä oli se,
että punaiset eivät uskaltaneet tulla ampumaan meitä yhteiselliin, mutta emme
silti saaneet olla rauhassa. Kaikkea muuta. Punaisten ammunta, joka suuntautui
käytävältä ruumaamme, jatkui koko yön. Monet joukostamme haavoittuivat
vaikeasti, kuten luutnantti Peltola, maisteri Puhakka ja tehtailija Inkinen.
Kuulasateen ollessa tiheä, emme voineet antaa haavoittuneille tovereillemme
vähintäkään apua."[69]

---

[68] Wiipuri lehti.
[69] Karila, Karl. Muistelmat. KA.

5.5. Hjalmar Kaipiainen haavoittuu - Albin Piskonen jatkaa

Hjalmar Kaipiainen haavoittui oikeaan käsivarteen Taavi Siltasen revolverin luodista. Hän kaatui käytävän lattialle ja vietiin haavoittuneena pois. Hän sai ensiavun kadulla vastaan tulleelta sairaanhoitajalta, joka laittoi ensimmäiset siteet, minkä jälkeen hänet kannettiin Suomi hotelliin. Hänen väitetään ennen lähtöään huutaneen " tappakaa kaikki poliittiset vangit" ja määränneensä joukon johtajaksi 25-vuotiaan työmiehen Albin Piskosen, joka oli vapautunut suorittamasta 5 vuoden tuomiota vankilasta. Hän oli Kaipiaisen tuttu vankila-ajalta ja oli tavannut Kaipiaisen rintamalla.

Punaiset koettivat useaan kertaa murtaa barrikaadia. Metsänvartija Kemppi, joka oli saanut yhden kiväärin, ampui muutamia punaisia heidän yrittäessään murtautua ruumaan barrikaadin läpi. Tämä teki punaiset varovaisemmiksi, eivätkä sitten enää yrittäneet murtaa barrikaania. Tässä tilanteessa metsänvartija Kemppi haavoittui ja kuoli.

Barrikaadista ei ollut paljoa suojaa, Sellissä oli jo haavoittuneita ja kuolleita. Piskosen johdolla jatkettiin ampumista yhteishuoneeseen barrikaadin läpi. Vähitellen ammunta hiljeni. Tällä välin oli tullut pilkkosen pimeä, koska valot sammuivat alakerroksen käytävästä. Pian kuitenkin ilmestyi käytävään lamppuja ja punaiset päättivät täydentää tuhoa heittämällä käsikranaatteja yhteishuoneeseen.
Eloonjääneiden selonteon mukaan ensimmäinen kranaatti heitettiin barrikaadin läpi käytävästä. Kranaatti silpoi huoneen pohjoisella seinällä. Silloin lienee saanut surmansa varatuomari Leppänen, maanviljelijä Liikka ja herra Jääskeläinen. Pian pamahti huoneessa toinen pommi, nyt lähempänä ikkunaa ja ruhjoi lyseolaiselta Pohjolalta jalat. Luutnantti Peltolalta pommi repäisi kyljen ja vatsan auki sekä katkaisi maisteri Puhakalta toisen jalan. Rosvot heittivät vielä ainakin yhden pommin selliin, mutta se ei lauennut. Noin klo 1- 3 välillä yöllä oli valkoisten pommitus vankilan alueella niin ankara, että vangit saivat olla rauhassa.

Näin jatkui ammunta aamuun asti. Huone oli aamulla kaamean näköinen. Monet makasivat verissään lattialla. Verta oli kaikkialla. Vielä hengissä olevat vaikertelivat. Vielä elossa olevia makasi ruumisröykkiöiden alla.[70]

5.6. Tapahtumat muualla vankilassa

Lääninvankilassa oli tapahtuma-aikana täyttä. Poliittisten, valkoisten vankien lisäksi vankilassa oli rangaistusvankeja, tutkintavankeja, nais- ja miesvankeja ja vankilan palveluksessa olevaa henkilökuntaa lähinnä vartijoita. Lisäksi vankilassa oli sen kellarikerroksessa henkilökunnan perheenjäseniä ja myös joitakin ulkopuolisia, jotka olivat tulleet vankilaan suojaan valkoisten tykistötulelta.

Poliittiset vangit oli sijoitettu vankilan ensimmäiselle kerrokselle yhteishuoneeseen eli ruumaan ja muutamiin selleihin sekä myös kellarikerrokseen suojaan tykistötulelta. Poliittiset vangit saivat liikkua vapaasti vankilassa. Rangaistusvangit oli sijoitettu ylempien osastojen selleihin. Naispuoliset rangaistusvangit olivat naisten osastolla.

Kun Kaipiainen joukkoineen pääsi vankilan sisälle, hän määräsi kaikki rangaistusvangit ja tutkintavangit vapautettaviksi. Heille tuli antaa myös omat vaatteet. Monet vapautetut vangit liittyivätkin Kaipiaisen joukkoon. Etenkin naispuoliset kuritushuonevangit lyöttäytyivät punakaartilaisten joukkoon kannustaen ja neuvoen.
Naisvangit olivat muutenkin olleet aktiivisia jo ennen tapahtumia. Heidän kerrottiin vankilan mankelihuoneessa kirjoittaneen kirjeen Kaipiaiselle tulla vapauttamaan heidät vankilasta. Äänekkäimpiä naisvankeja olivat Helmi Koponen, Hilma Ruutu, Lyyli Toropainen, Anna Juvonen ja Hilda Rantala.

---

[70] Karila, Karl. Muistelmat. KA

Vankilan kellarikerroksessa olivat myös vankilassa poliittisina vankeina olleet neiti Eli Wärnhjelm ja hänen veljensä.[71]

Neiti Wärnhjelmin kertoman mukaan" rauhattomuus ja sekasorto kellarissa kasvoivat, kun ovi avattiin ja joku vartijoista huusi erään venäläisen sotilaan heittäneen pommeja pihalle. Muutamia minuutteja sen jälkeen saapui sanoma, että joukko punaisia oli hyökännyt vankilaan. Tuli käsky, että kaikkien poliittisten vankien piti tulla ylös ensimmäiselle kerrokselle. Minä ja sisareni olimme juuri nousemassa portaita, kun meidän saavuttuamme ovelle kuului laukaus tai räjähdys, jolloin me pelästyneinä syöksyimme jälleen alas. Hetken kuluttua tuli kellarikerrokseen eräs punakaartilaisista, hän oli aivan juovuksissa, varreltaan pieni ja puettu harmaaseen pukuun ja kysyi, oliko kellarissa vielä valtiollisia vankeja. Johtaja Stråhlman ja rva Toikander selittivät, että minä ja sisareni olemme heidän sukulaisiaan ja saapuneet pakolaisina vankilaan. Vastaus ainakin näennäisesti tyydytti johtajaa, joka ojensi sitten revolverin vartija Käyhköä kohti tiedustellen ja vaatien häntä ilmoittamaan, missä Ahlgren oli. Käyhkö sanoi, että hän ei tiedä. Myöskin johtaja Stråhlmannia uhkailtiin revolverilla, mutta pelastui hän siten, että rva Stråhlman meni hänen ja roiston väliin. Muistelen rosvon lausuneen, että hän on 20 vuotta istunut vankilassa ja tahtoo nyt kostaa."

Aikaa kului tunnin verran ja jälleen avautui ovi ja eräs punakaartilainen ilmoitti, että heidän kaikkien on parasta rukoilla jumalaa, sillä viimeinen hetkenne on tullut. Samassa tuli paikalle toinenkin punainen. Hän oli pitkä ja tummaverinen ja sanoi olevansa arvoltaan komppanianpäällikkö ja ilmoitti meille, että vahtimestari Ahlgren oli löydetty ja murhattu. Kahden punaisen vartioimana tuotiin alas myös vahtimestari Mannermaa ja tiedusteltiin hänen perhettään. Meidät kaikki käskettiin siirtymään rakennuksen äärimmäiseen päähän sillä selityksellä, että se osa vankilaa, missä poliittiset vangit ovat, räjäytetään ilmaan. Heti tämän jälkeen kuului useampia laukauksia ensimmäisen käytävästä. Pitkän odotuksen jälkeen käskettiin meitä kaikkia nousemaan ensimmäiseen kerrokseen. Jotkut meistä yrittivät piiloutua kellarissa olleiden vanhojen vaatteiden alle, mutta kuinka

---

[71] Eli-Margareta Wärnhjelm on kirjassaan " I väntan på friheten" 1918 kuvannut vangituksi joutumistaan ja tapahtumista varsin laajasti. Kirjassa oleva kuvaus on yhteneväinen elonjääneiden lehdistössä julkaistun kertomuksen kanssa

ollakaan, päätettiin lopulta kuolla yhdessä. Ylhäällä tutkittiin jokainen revolverilla uhaten ja näkyi johtajana olevan joku villiintynyt nainen. Johtaja Stråhlman ja herra Toikander ammuttiin heti. [72]Johtajan ampui Albin Piskonen toisten huutaessa "ampukaa päähän".

Meidät toiset karkotettiin käytävän eteläpäähän selityksellä, että kaikki lahtarit ammutaan. Samassa alkoi kiivas ammunta meidän tietämättä, minne kuulat sattuivat. Me seisoimme kaikki seinää vasten suojellaksemme itseämme onnistuen lopulta pääsemään yhteen selliin. Kun ammunta lakkasi, tuli käsky, että meidät on vietävä venäläiseen kasarmiin. Käytävä oli täynnä ruudin savua ja siellä täällä makasi pahoin ruhjoutuneita ruumiita. Uloskäytävällä seisoi muutamia punakaartilaisia. Ulkona kuului ankaraa kanuunan jyskettä ja eräs osa Papulan kasarmeista näytti palavan. Hetken päästä meidät kuitenkin käskettiin palata kellariin, missä asetuimme ensin leivintupaan ja sitten keskikäytävälle. Ensimmäisestä kerroksesta kuului edelleen kiväärin laukauksia. Saapui käsky, että kaikkien miesten oli saavuttava ylös ammuttaviksi, mutta heidät palautettiin jostain syystä takaisin kellariin. Kello 1-3 välillä yöllä vallitsi melkein täydellinen hiljaisuus, sitä ennen oli kuulunut kellariin laukauksia ensimmäiseltä kerrokselta. Noin kello 4 aikaan tuli kellariin jälleen punaisia etsiskelemään jotakin. Nämä vankilan kellarissa punaisten vankeina olleet siviilihenkilöt siirrettiin aamulla 7-8 aikoihin Papulan kansakoululle, jonne heidät jätettiin.

Punaisten pääjoukko lienee poistunut vankilasta 5- 6 aikoihin aamulla.[73]

Samanaikaisesti kun osa punaisista yritti tunkeutua yhteishuoneeseen, toinen joukko ahdisteli vankilan henkilökuntaa. Heitä uhkailtiin kaikin tavoin ja asetettiin valmiiksi ammuttaviksi kerta toisensa jälkeen. Osa vartijoista pelastui kylmäverisyyden ja tyyneyden kautta ja muutamia lienee päässyt vankilasta

---

[72] Johtaja ei siis alun perin ollut "ruumaan" sijoitettujen poliittisten vankien joukossa. Johtaja Stråhlman ja apulaisjohtaja Henrik Rusama olivat joutuneet pidätetyksi kieltäydyttyään hoitamassa virkaansa punaisten ollessa vallassa helmikuussa 1918. Heidät oli vapautettu ja maksettuaan sakkonsa heidän annettiin asua vankilan alueella olevissa kodeissaan. Vankila-alueen jouduttua jatkuvan tykistötulen alle jo pari päivää ennen 27.4. olivat asuntoalueella olleet henkilökunnan perheet siirtyneet turvaan vankilan sisälle.
[73] Eli-Margareta Wärnhjelm. 1918.

pakenemaan. Lopulta he valitsivat uhrikseen vahtimestari Mannermaan vankilan toimistokäytävällä, josta hän murhamiesten aseiden edessä ja uhkaamana perääntyi vartijoiden huoneeseen, jonne hänet ammuttiin. Vartijat Pylkkänen ja Laakkonen ammuttiin myös vartijahuoneessa ja vartija Jokinen vahtimestarin huoneessa.[74]

Tullin päällysmies Otto Vanhala, joka oli poliittisena valkoisena vankina lääninvankilassa tapahtuma-aikana, kertoo, että " koska hän ei päässyt auttamaan sammuttamistyössä, hän sai luvan mennä seuraamaan tulipalon vaiheita vankilan kirjastohuoneen ikkunasta. Kirjastohuoneeseen, joka sijaitsi vankilan toisessa kerroksessa, oli tullut myös apulaisjohtaja H. Rusama ja rouva Mannermaa tulipaloa katsomaan. Kirjastohuoneen ikkunasta he näkivät punaisten tulon vankilaan. Samaan aikaan tuli yksi vanginvartijoista kirjastohuoneen ovelle ja lukitsi sen siinä luulossa, että huone oli tyhjä. Siten jäivät lukkojen taa vankilan apul. johtaja Rusama, rva Mannermaa ja minä. Täältä me kuulimme, mitenkä sisään tunkeutuneet punaiset ampuivat valkoisia vankeja."

Otto Vanhala kertoo myös, että hän näki kirjastohuoneen ikkunasta, kuinka punaiset heittivät pommeja yhteishuoneen ikkunasta sisään. Punaiset olivat menneet tikapuita myöten yhteishuoneen ikkunalle ja niiltä käsin heittäneet pommit. Rouva Mannermaa oli ollut tilanteessa hyvin hermostunut ja Vanhala joutui häntä lohduttamaan. Ovi kuitenkin kohta avattiin ja heidät siirrettiin pois. Vanhala joutui punaisten lukitsemana selliin.[75]

5.7. Sunnuntaiaamu 28.4. valkenee.

Ammunta ja tykistötuli jatkuivat aamuun asti. Yöllä klo 1-3 välillä oli vankilassa hiljaisempaa. Aamun valjetessa ammuttiin yhteishuoneeseen vielä muutamia laukauksia, mutta kukaan ei haavoittunut. Aamulla yhteishuone oli kaamean näköinen. Monet haavoittuneet makasivat verissään lattialla kuolleitten joukossa.

---

[74] Karjala ja Wiipuri lehdet.
[75] Vanhala, Otto. Muistelmat. Suomen Vapaussodan itsenäisyysarkisto.KA.

Verta oli sekä seinillä että lattialla. Vielä elossa olleet miehet makasivat ruumiitten alla. Noin kello 6 aikaan kuului käytävällä neuvoteltavan ja hetken kuluttua kysyttiin yhteishuoneessa olleilta, että olisiko siellä vielä elossa olevia. Kun punaiset kuulivat, että vielä hengissä olevia oli, kehottivat he kaikkia tulemaan ulos yhteishuoneesta. Heille vakuutettiin moneen kertaan kunniasanalla, ettei vangeille tehtäisi väkivaltaa.

Neuvoteltuaan keskenään asioista päättivät vielä hengissä olevat vangit antautua punaisille silläkin uhalla, että heidät ammuttaisiin käytävällä. Toinen toisiaan auttaen vangit tulivat käytävälle. Nuori lyseolainen Pärnänen oli pahasti haavoittunut kasvoihin ja oli kuolemaisillaan. Punaiset ampuivat hänet.

Samaan aikaan tuli alas kirkosta, joka sijaitsi vankilan kolmannessa kerroksessa, maisteri Viitanen, joka ilmeisesti luuli, että valkoiset olivat tulleet vankilaan. Huomattuaan erehdyksensä Viitanen yritti paeta, mutta turhaan, alkoi kiivas ammunta. Virtanen haavoittui pahasti. Hän juoksi naisosaston käytävää pitkin perälle saakka erääseen selliin, jossa hän kohta heitti henkensä.

Vangit suljettiin kolmeen naisosaston selliin. He jäivät odottamaan varsin epätietoisina kohtalostaan.[76]

5.8. Murhenäytelmä loppuu.

Sunnuntaiaamuna 28.4. n. klo 7-8 vankilaan saapui punapäällikkö Emil Ihalainen. Hän oli sama Emil Ihalainen, joka edellisen päivän aamuna oli käynyt vankilassa hakemassa henkilökunnan aseita. Oman kertomansa mukaan Ihalainen oli lauantaiaamuisen vankilassa käynnin jälkeen oleskellut pääasiassa keskuskasarmilla ja toimittanut ruokaa perheelleen ja muille puutteessa oleville. Murhayön hän vietti kertomansa mukaan kotonaan. Aamulla hän heräsi n. klo 06 käyden sen jälkeen keskuskasarmilla, hakenut varastosta 8 kivääriä ja 250 panosta

---

[76] Karila, Karl. Muistelmat.KA.

ja vienyt ne sitten vankilaan. Mennessään sinne kiväärien kanssa, olivat siellä ovet auki ja murhat tehty. [77]

Vankilassa hän joukkoineen murtautui vankilan kassakaappiin ja vei sieltä kaiken arvokkaan. Ihalainen tarkasti revolveri kädessään vankilan kellarikerroksen löytämättä sieltä ensin ketään. Kun joku ampui patjakasaan kellarikerroksella, tuli sieltä esiin Kekki, joka edellisenä yönä oli onnistunut pakenemaan yhteissellistä. Sen jälkeen Ihalainen siirtyi ensimmäisen kerroksen naisten osastolle, jonka kolmeen selliin oli siirretty yhteishuoneesta antautuneet. Kellarikerroksessa olleet siviilihenkilöt ja vankilan henkilökuntaan kuuluvat koottiin vankilan pihalle, josta heidät vietiin Papulan kansakoululle.

Tullivirkailija Karl Maurits Karila (aik. Karlsson) kertoo muistelmissaan, että Ihalainen tuli heidän selliinsä, jossa oli hänen lisäksi insinööri Siltanen ja eräs mies Sakkolan pitäjästä. Ihalaisella oli iso revolveri kädessään. Karila kertoo Ihalaisen tulosta selliin; " Hän kääntyi insinööri Siltasen puoleen sanoen " ettekö ole insinööri Siltanen. Ette ole olleet paha työläisille. Mitä haluatte? Tahdotteko kuolla siihen paikkaan tai lähteä rintamalle. Tähän vastasi insinööri Siltanen. Lähden mieluimmin rintamalle. Saman kysymyksen teki Ihalainen meille muillekin, jolloin me vastasimme, että tahdomme mieluimmin kuolla avonaisessa taistelussa kuin koirat kopissa. Sitten lähti Ihalainen käytävän toisella puolella olevaan selliin, johon muut valkoiset oli teljetty. Siellä hän uudisti kysymyksen ja sai samankaltaisia vastauksia." [78]

Tämän jälkeen n. kello 9 Ihalainen komensi vangit riviin käytävälle ja sitten heitä lähdettiin kuljettamaan ulos vankilasta. Näky, jonka tämä kulkue tarjosi, oli edellisen yön veroinen. Useimmat vangit olivat verissään, likaisia, kuulien ja pommien repimissä vaatteissa, pari uhreista oli haavoittuneita. Heitä täytyi toisten tukea taluttaa. Onneksi löytyi kohta hevonen, jonka kyytiin vaikeimmin haavoittuneet sijoitettiin. Johtajan mukana kävi matka tarkoin vartioituna keskuskasarmille, mistä haavoittuneet toimitettiin sairaalaan sidottaviksi. Muu joukko jatkoi matkaa ja heidät marssitettiin ensin hotelli Andreaan, jossa

---

[77] VRYO 27153 Ihalainen Emil. KA.
[78] Karila, Karl. Muistelmat KA

punaisten esikunnan piti olla. Koska esikuntaa ei sieltä löydetty, marssitettiin joukko takaisin keskuskasarmille, jossa vapautetut saivat ruokaa. Siellä myös haavoittuneet erotettiin ja vietiin sairaalaan. Varsinkin punaisten tarjoamat korput olivat hyviä ja niitä sai ottaa mukaansa. [79]

Keskuskasarmilla punaiset suhtautuivat vapautettuihin myötämielisesti ja pahoittelivat, että heidän joukossaan oli Kaipiaisen tapaisia roistoja. Ihalainen kirjoitti vapautettujen pyynnöstä heille lupalapun, jolla pääsi liikkumaan vapaasti kaupungilla. Ehtona oli, että heidän tulla takaisin ilmoittautumaan yleisiin töihin. Kello 12 astuivat jäljellä olevat vangit 11 vankia vapauteen.[80]

    Lupalapun jäljennös

    Lääninvankilasta pelastettu Otto Vanhala
    on esteetön joka aika kaupungilla
    Wiipurissa 19 28/4 18
    Esikunnan päällikkö
      Emil Ihalainen
    S.P. kaartin W:rin muonit
    keittiö n:o 4 (leima)[81]

---

[79] Otto Vanhala, Otto. Muistelmat KA
[80] Wiipuri lehti 14.5.1918
[81] Vanhala, Otto. Muistelmat KA

6. Tapahtumien tutkinta

Joukkomurhaa tutkittiin ripeästi ja johdonmukaisesti. Heti kohta tapahtuman jälkeen asetettiin työryhmä tutkimaan tapausta. Työryhmään kuuluivat puheenjohtajana varatuomari Fredrik Herold ja jäseninä hovioikeuden auskultantti K. A Patomäki ja apul. kaupunginviskaali Sjöberg.

Ryhmän paikan päällä 30.4. eli seuraavana tiistaina suorittaman tarkastuksen mukaan ensimmäisen kerroksen isossa käytävässä olivat Stråhlmanin, Tojkanderin, Pärnäsen, Tillin, Tallgrenin, Pietisen, Mielosen, Wahlin, Svedlinin ja Ikosen ruumiit. Sellissä n:o 14 oli Ahlgrenin ja Kiisken ruumiit ja sellissä n:o 7 Viitasen ruumis. Pohjoispään yhteishuoneessa olivat Väinö Puhakan, Peltolan, Liikan, Pohjolan, Inkisen, Leppäsen, Jääskeläisen, Klingin, Kempin, Karosen, Pärnäsen ruumiit sekä kaksi tunnistamatonta ruumista. Vartijahuoneessa (1 krs) oli Mannermaan, Pylkkäsen ja Laakkosen ruumiit ja vahtimestarin huoneessa (1 krs) Jokisen ruumis. Ruumiiden sijoituspaikat tukevat elonjääneiden kertomusta tapahtumien kulusta. Ryhmä kuulusteli useita vankilassa tapahtuma-aikana olleita. Kuulusteltavina olivat mm. kamreeri Armas Saastamoinen, apulaisjohtaja Helle, Henrik Rusama, työnjohtaja Jalmari Saarinen, sairaanhoitaja Hilja Paavola, vartija Elin Korvenheimo, vartija Pekka Käyhkö, vartija Heikki Honkanen, vartija Arvi Räisänen, vartija Oskar Mörsky ja vartija Mikko Suhonen. Useimmat heistä tunnistivat Hjalmar Kaipiaisen ja Albin Piskosen. Myös Henriikka Koponen niminen naisvanki tunnistettiin yllyttäjänä. Jotkut kuulluista eivät olleet paikalla, eivätkä siis olleet nähneet mitään. Armas Saastamoisen kertomus tapahtumista oli yksityiskohtaisin.[82]

Tästä samasta tarkastuksesta kertoo itsekin yhteishuoneessa ollut, mutta vähäisinvammoin selvinnyt tullivirkailija Karl Karila (Karlsson), muistelmissaan.

---

[82] EK valpo I AMp 2778. KA

Hän kertoo olleensa mukana ollakseen apuna ruumiiden tunnistamisessa sekä kertoakseen oman käsityksensä tapahtumien kulusta. Mukana oli myös valokuvaaja.

Karila kertoo. Ensin tutkittiin lääninvankilan porttia. Siihen kiinnitettynä löytyi 5-6 pyroksiinipötkyä. Arveltiin, että portti oli ehkä tarkoitus räjäyttää hajalle, jos vankilaan sisälle ei olisi muuten päästy 27.4. illalla. Ryhmän astuessa sisälle pääsisäänkäynnistä löydettiin vahtimestari Alfred Mannermaa ammuttuna vartijahuoneessa. Toimistossa oli kaikki kaapit murrettu auki ja kaapit rikottu. Ryhmän päästyä vankilan ensimmäisen kerroksen käytävälle oli näkymä kammottava. Ammuttujen ruumiit makasivat verilammikoissa. Patruunahylsyjä oli joka puolella. Haju käytävällä oli kauhea. Lähinnä ryhmää käytävällä oli johtaja Stråhlmanin ruumis, jota oli ammuttu päähän. Seuraava ruumis oli asemapäällikkö Toikanderin. Häneen oli ammuttu useampia kertoja ja hänet kuten myös Stråhlman oli ryöstetty. Sitä seuraava ruumis oli lyseolaisen Pärnäsen ruumis. Yhteishuoneen oven edestä löytyi vahtimestari Tillin ruumis. Pitemmällä käytävällä olivat lähekkäin Pietisen, Tallgrenin, Ikosen ja Mielosen ruumiit.

Käynnistä yhteishuoneessa kertoo Karila muistelmissaan seuraavasti; " Astuttuamme ruumaan (yhteishuoneeseen) kohtasi meitä kauhea näky. Silvottuja ruumiita oli veren ja höyhenien peitossa. Toisten oli vetäydyttyä takaisin käytävälle kauhean löyhkän tähden. Astuin yksin ruumaan ottaakseni selvää siellä makaavista ruumista. Sen mukaan kuin sain selvää ruumista, annoin niistä tietoja tuomareille. Ensimmäiset, jotka makasivat ruuman kynnyksellä, olivat etsivä Jääskeläinen, tuomari Leppänen, ylioppilas Karonen ja metsänvartija Kemppi. Siirryin sisemmalle, jolloin näin pään kurkistavan esille sängyn alta. Siinnä makasi nahkatehtailija Inkinen. Totesin samalla sängyn päällä olevan ruumiin osia. Tutkittuani näitä osia lähemmin, kävi selville, että ne kuuluivat maalaisisäntä Liikkan ruumiiseen, jonka alaosa punaisten heittämän käsipommin räjähdyksessä oli mennyt siekaleiksi. Sen jälkeen siirryin ikkunan luokse, jossa makasi lyseolaisen

Pohjolan ruumis. Vähän loitommalla tapasin luutnantti Peltolan ruumiin, josta pommi oli repinyt vatsan auki. Hänen vieressään makasi maisteri Puhakan ruumis, jolta pommi oli repinyt vatsan auki. Hänen vieressään makasi maisteri Puhakan ruumis, jota käsipommi oli pahasti runnellut. Eräässä nurkassa oli jäljellä olevien ruumit sikin sokin".

Kuva Viipurin lääninvankilan ensimmäisen kerroksen käytävältä. Lähinnä on vankilanjohtaja Stråhlmanin ruumis, siitä eteenpäin on asemapäällikkö Toikanderin ruumis, lyseolainen Pärnäsen ja vahtimestari Tillin ruumiit. Kauempana käytävällä häämöittää ylioppilas Wahlin ja koululainen Svedlinin ruumiit. Kuva; Museovirasto

Kuva yhteissellistä. Kuva: Museovirasto.

Vankilan naisosastolta löytyi verivanan päässä olleesta sellistä maisteri Viitasen ruumis. Tutkittaessa pääkäytävän selejä yhdestä sellistä löytyi maanviljelijä Kiisken ruumis ja toisesta sellistä vankilan vahtimestari Ahlgrenin ruumis.

Vankilan toisen kerroksen toimistohuoneista kaikki kaapit oli tyhjennetty ja rikottu. Kellarikerroksessa oli samanlainen sekasorto. Vankilan ruokatavarat, jauhot, ryynit ja lihat olivat pitkin lattiaa ja veden peitossa käyttökelvottomina. Kellarissa olleet varastohuoneet oli murrettu auki ja sisällä olleet kaapit rikottu. Siellä täällä oli vaatekappaleita lattialla huiskin haiskin.

Tarkastuksen jälkeen murhattujen ruumiit koottiin yhteen, pestiin ja pantiin arkkuihin. Tämän työn suoritti muistelmien kirjoittajan äiti Ida Karlsson, joka oli erään komitean jäsen, jonka tehtävänä oli pestä valkoisten kuolleiden ruumiit ja laittaa ne arkkuihin.[83]

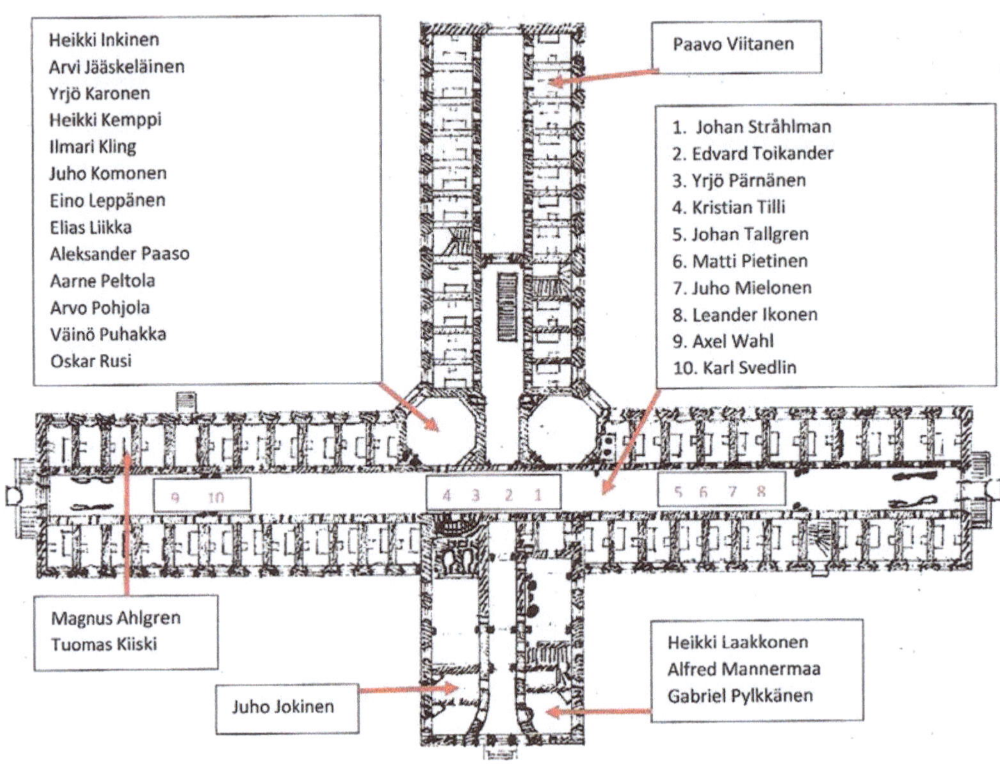

Surmattujen ruumiiden sijoituspaikat lääninvankilassa.

---

[83] Karila. Karl. Muistelmat. KA

Ryhmä kuulusteli myös 29.4. pidätettyjä punakaartilaisia. Työmies Manu Sokura kertoi liittyneensä punakaartiin helmikuussa ja osallistuneensa taisteluun Taipalsaaren rintamalla. Sokura myönsi tulleensa Hjalmar Kaipiaisen käskystä lääninvankilaan 27.4. illalla ja olleensa ensin vahdissa käytävällä ja sitten ampuneensa määräyksestä yhteishuoneeseen, jossa vangit olivat. Vankilassa oli kertojan mukaan ollut n. kaksikymmentä punakaartilaista, joista Sokura kertoi tunteneensa ainakin Albin Liukkosen, Eetu Turusen ja Toivo Mannisen.

Työmies Toivo Manninen puolestaan kertoi, että oli pakolla joutunut punakaartiin ja sitten Kaipiaisen joukkueeseen. Yöllä vasten 28. päivää hänet herätti Valtter Lehmus niminen mies, joka sanoi olevansa päällikkö Kaipiaisen ja Piskosen jälkeen ja käski hänet vankilaan. Vankilassa hän oli ollut ensin vahdissa pihalla, jolloin oli kuullut laukauksia vankilan sisältä. Noin kello kahden aikaan yöllä sanoi menneensä vankilan sisälle käytävälle, jossa ei kuitenkaan ampunut laukaustakaan. Sitä vastoin olivat Pekka Leinonen ja Juho Kohonen ampuneet käytävällä.

Työmies Eetu Turunen kertoi liittyneensä 2.4. punakaartiin ja saapuneensa 27.4 vankilaan, jossa ampui n. viisi laukausta yhteishuoneeseen. Muut ampujat olivat hänen kertomansa mukaan Manninen, Liukkonen, Sokura ja Piskonen.

Työmies Albin Liukkonen taasen kertoi liittyneensä punakaartiin huhtikuun alussa. Hän kertoi tulleensa vankilaan 27.4 illalla, mutta ei ollut ampunut yhtään laukausta. Sitä vastoin Liukkonen kertoi, että Kaipiainen, Lehmus ja Piskonen olivat ampuneet hyvin paljon.

Työmies Elias Korttinen kertoi tulleensa pakotetuksi liittymään punakaartiin 19.4. Hän oli käskystä saapunut vankilaan 28.4 päivän iltana, jolloin ei enää ketään ammuttu.

Työmies Jalmari Aho myönsi kuuluneensa pakotettuna punakaartiin. Hänet vangittiin 29.4. kun hän oli vahtipalveluksessa. Vankilan tapahtumista hän ei tiennyt mitään. Työmies Edvard Ahola kertoi kuulustelussa samoin.

Kun Manu Sokura, Toivo Manninen, Eetu Turunen ja Albin Liukkonen näytettiin todistajina olleille Mauritz Karlsonille ja sairaanhoitaja Hilja Paavolalle, nämä todistivat heidän olleen tapahtuma-aikana vankilassa.

Tutkijaryhmä toteaakin 1.5.1918 antamassaan lausunnossa, että Toivo Manninen, Eetu Turunen, Albin Liukkonen ja Manu Sokura olivat olleet osallisina 27.– 28.4.1918 lääninvankilassa tapahtuneisiin rikoksiin. Sitä vastoin Arvid Saikon, Elias Korttisen, Jalmari Ahon ja Edvard Aholan syyllisyydestä ei tutkijaryhmän mielestä ollut näyttöä. [84]

Muita vankilassa tapahtuma-aikana olleita punakaartilaisia ei työryhmä kuulustellut, koska heitä ei vielä tuolloin ollut tavoitettu.

Työryhmän lausunnon perusteella Sokura, Manninen, Turunen ja Liukkonen ammuttiin 1.5.1918.

Myös muita lääninvankilan murhiin osallistuneita etsittiin tiiviisti. Viipurin valtauksen jälkeen ensimmäisessä Lappeenrannasta tulleesta junassa saapuivat Lappeenrannan sotilashallinnon Viipurin paikallisesikunnan päällikölle avuksi lähettämät tunnistajat Vladimir Kiiveri ja Pekka Kinnunen. Albin Piskonen ja Paavo Vesterinen tunnistettiin vankien joukosta.

Molempia kuulusteltiin lähinnä muodon vuoksi. Syyllisyyshän oli Albin Piskosenkin kohdalla selvä. Kuulusteltaessa 8.5.1918 Piskonen kertoi, että oli pakosta liittynyt punakaartiin 11.3.1918, vaikkei ollut hyväksynyt kaartin toimintaa. Oli ollut kaartin tehtävissä Savitaipaleella, Lappeenrannassa ja viimeksi Viipurissa. Kertoi, että ei ole ollut koskaan missään varsinaisessa taistelussa. Kysyttäessä oliko hän ollut

---

[84] EK/Valpo I AMp 2778. KA

27.28 pnä huhtikuuta 1918 ollut Papulassa, vastasi Piskonen olleensa siellä ainoastaan edellisenä päivänä kello 10. Vähän ajan kuluttua myönsi hän kuitenkin maanneensa mainittujen päivien välisen yön Papulan kasarmissa ja yöllä liikkuneensa aivan kasarmin läheisyydessä, kun hän ei saanut unta. Sittemmin hän selvitti vielä olleensa lääninvankilan pihalla ja vihdoin vankilan päärakennuksessa. Aluksi väitti Piskonen, että hänellä oli ainoastaan yksi kivääri, joka oli hänen olallaan koko ajan, mutta myönsi sitten pitäneensä revolverinkin kädessään. Kun häneltä tiedusteltiin lääninvankilassa olleiden muiden miesten nimiä, kielsi hän ensin tunteneensa heitä, myönsi sitten kuitenkin tuntevansa Albin Liukkosen, Eetu Turusen ja Toivo Mannisen sekä mahdollisesti muitakin. Kun Piskoselle selitettiin, että ennen oli käynyt selväksi, että hän oli kyseessä olevassa tilanteessa esiintynyt johtomiehenä ja että hän oli myöskin ampunut, kielsi hän olleensa johtajana, mutta ei suorastaan kieltänyt ampuneensa.

Myös Paavo Vesteristä kuulusteltiin. Hän kertoi liittyneensä punakaartiin maaliskuussa 1918 työansion vuoksi. Kertomansa mukaan oli tehnyt vain vartioimistöitä. Myönsi olleensa aseistettuna lääninvankilassa 27 päivän illasta aamuun. [85]

Molemmat teloitettiin heti kohta kuulustelun jälkeen.

Joukon johtaja, punapäällikkö Hjalmar Kaipiainen, oli haavoittunut olkavarteen lääninvankilassa vankien ulosryntäyksen yhteydessä ins. Siltasen ammuttua häntä revolverilla. Kaipiaisen itsensä kertoman mukaan hän oli ampumisen jälkeen käytävällä etsinyt vahtimestari Mannermaata, mutta kaatunut käytävälle, josta hänet oli sitten paareilla kantaen lähdetty viemään sairaalaan. Vähän matkaa vankilasta oli vastaan tullut sairaanhoitaja laittanut ensimmäiset siteet ampumahaavaan. Todennäköisesti Kaipiainen kannettiin Suomi hotelliin. Paikalla

---

[85] EK/ Valpo I AMp 2778. KA.

olleen Hilma Niemisen mukaan Kaipiainen oli ollut kovasti juovuksissa ja tahtonut väkivalloin nousta paareilta ylös rauhoittuen kuitenkin vähitellen.

Evert Kaipiainen ja Toivo Kangasmäki veivät sitten Kaipiaisen Myllymäen kansakoulussa sijainneeseen sairaalaan, jonne Kaipiainen jäi hoidettavaksi. Viejät palasivat hotelliin kello kahdentoista aikaan yöllä.

Seuraavana aamuna 29.4. Kaipiainen ilmoitti sairaalasta haluavansa palata Suomi hotelliin. Martta Hänninen ja Hilma Nieminen yhdessä Evert Kaipiaisen kanssa hakivat autolla Kaipiaisen hotelliin. Iltapäivän ja alkuillan Kaipiainen vietti sitten omassa huoneessaan yhdessä Martta Hännisen kanssa.

Samana aamuna klo 7 aikaan oli punaisten esikunnasta tullut yleinen perääntymiskäsky, jonka mukaan punaisten piti perääntyä Haminaan samana iltana kello 9. Myös Kaipiaisen seurue, johon kuuluivat Kaipiaisen lisäksi Evert Kaipiainen, Martta Hänninen, Elsa Kaulio ja Martti Pohjolainen, lähtivät autolla puoli yhdeksän aikaan kohti Haminaa. Seurue pääsi kuitenkin vain Tienhaaraan asti, koska kuljettaja kieltäytyi ajamasta eteenpäin. Seurue palasi kaupunkiin. Hjalmar Kaipiainen ja Martta Hänninen menivät Myllymäen sairaalaan hoidattamaan Kaipiaista.

Kaipiaista etsittiin aktiivisesti Viipurista. Lappeenrannasta tulleet vankien tunnistajat löysivät vankien joukosta monta etsityistä, mutta ei Kaipiaista. Vasta 14.5. hänet löydettiin Myllymäen kansakoulun sairaalasta. Kuulustelut aloitettiin heti 15.5.
Itse tapahtumista Kaipiainen kertoi tulleensa joukkoineen Lappeenrannasta Viipuriin 24.4.1918 ja majoittuneensa Suomi-hotelliin. Seuraavana perjantaina linnassa oli pidetty yleinen kokous, jossa hänet oli määrätty itäisen rintaman päälliköksi Viipurissa. Kuulusteluissa hän väitti kuitenkin, ettei ollut osallistunut joukkojen johtamiseen muutoin kuin antamalla määräyksen ampumatarvikkeiden kuljettamisesta taistelupaikoille. Lauantaina 27 päivänä huhtikuuta hän kertoi

juopotelleensa koko päivän. Väkijuomia hän sanoi tuoneensa mukanaan Lappeenrannan esikunnasta koko lastillisen.

Ratsastaessaan iltapäivällä kaupungilla Kaipiainen kertoi huomanneensa tulipalon lääninvankilan suunnalla. Kuultuaan tulipalon olleen lääninvankilassa päätti kiiruhtaa sinne vankeja pelastamaan. Ratsastaessaan ohi Papulan kasarmin oli poikennut sinne ja ottanut sieltä mukaansa 10 miestä, joista kuulusteluissa muisti vain Albin Piskosen nimen.

Vankilaan saavuttuaan Kaipiainen kertoi kohta huomanneensa, että vankilan vieressä olevat puukasat olivat syttyneet tuleen. Tulipalosta ei aiheutunut mitään vaaraa vangeille. Valkoisten tykkituli oli kuitenkin kohdistettu Kaipiaisen kertoman mukaan vankilaa kohti. Muutamia ammuksia oli tullut vankilan pihalle ja tästä syystä hän oli päättänyt viedä vangit turvallisempaan paikkaan.

Tultaan joukkonsa kanssa vankilan portille, Kaipiainen oli käskenyt portinvartija avaamaan portin. Tämä ei kuitenkaan avannut porttia, vaan sanoi menevänsä etsimään vahtimestaria paikalle. Kaipiaisen joukon odotellessa portin ulkopuolella Kaipiaisen kertoman mukaan paikalle saapui eräs pitkä hoikka mies, vankilan puutöiden valvoja. Kuultuaan heidän pyrkivän sisään vankilaan, hän kertoi, että vankilan takaportti on auki ja sieltä pääsee vankilaan sisään. Tämän kuultuaan Kaipainen ja neljä hänen miestään suuntasivat kohti takaporttia ja menivät siitä sisään. Joukko meni suoraan vankilaan kansliaan, jossa oli paljon vartijoita. Kaipiainen oli käskenyt vartijoita avaamaan pääportin, mikä tehtiinkin ja siellä odottaneet punakaartilaiset pääsivät sisälle.

Kuulustelupöytäkirjan mukaan Kaipiainen myönsi sitten antaneensa vahtimestari Mannermaalle määräyksen laskea vangit pois selleistä sekä määräyksen, että kaikkien vankien oli tultava ensimmäisen kerroksen käytävälle. Käytävällä poliittiset ja rikosvangit erotettiin toisistaan. Rikosvangeille Kaipiainen määräsi annettavaksi omat vaatteet vankilan varastosta sekä heille piti maksaa palkka vankilassa tekemästään työstä.

Poliittisilta vangeilta, jotka oli määrätty sijoitettavaksi kerroksen nk. yhteishuoneeseen, ruumaan, oli Kaipiainen ennen ruumaan viemistä kysynyt kultakin syytä heidän vangittuna pitämiseen. Kaipiainen myöntää kuulustelupöytäkirjan mukaan ampuneensa päähän ensimmäistä, joka oli vastannut kieltävästi ja lopuksi alkanut itkeä, revolverillaan, jolloin tämä oli kaatunut lattialle.

Kaipiainen myönsi kuulustelupöytäkirjan mukaan huutaneensa ruumassa olleille poliittisille vangeille, että heillä on enää 25 minuuttia aikaa elää, mutta että olisi sanonut tämän vain piruuttaan ja pelotellakseen heitä. Kuitenkin hän myöntää jonkin ajan kuluttua käskeneensä kolme miestä käytävälle, mutta vakuuttaen kuulustelupöytäkirjassa, että hänellä ei ollut aikomus tappaa, vaan ainoastaan puhella heidän kanssaan heidän pyynnöstään syitä vangitsemiseen väittäen, ettei heitä ollut vielä ollenkaan tutkittu. Oman kertomansa mukaan Kaipiainen ei ehtinyt keskustella, sillä omasta aloitteesta punakaartilaiset olivat ampuneet kohti vankeja, jotka olivat kaatuneet. Kaipiainen väittää antaneensa ankaran käskyn, ettei ketään enää saanut ampua. Sen jälkeen Kaipiainen kertoi menneensä kellarikerrokseen. Siellä oli ollut vankilan johtaja sekä joukko naisia ja lapsia. Hän kertoi keskustelleensa aivan rauhallisesti johtajan kanssa, jolle oli vakuuttanut, että he saavat olla rauhassa.

Sen jälkeen Kaipiainen oli palannut oman kertomansa mukaan takaisin ensimmäiselle kerrokselle ja mennyt ruuman ovelle sanoakseen vangeille jäähyväiset, oli samalla Kaipiaisen avatessa ovea ruumaan kuulunut laukaus ja Kaipiainen oli tuntenut itsensä haavoitetuksi (oikeaan käsivarteen). Ampumisen jälkeen Kaipiainen sanoi kävelleensä käytävällä ja etsineensä vahtimestari Mannermaata, mutta kaatunut, josta miehissä olivat sitten korjanneet ja lähteneet viemään sairaalaan.

Kaipiainen vakuutti, että sinä aikana, kun hän oli vankilassa, siellä ei ammuttu muita kuin, joista oli kertonut, paitsi vartija Ahlgren, jota Kaipiaisen miehet etsiskelivät. Löydettyään hänet kellarikerroksesta omaan huoneeseen piiloutuneena, he ampuivat tämän.

Kaipiainen myönsi, että hän itse ja hänen miehensä eivät olleet selviä vankilaan tullessaan ja että vankilassa antanut miehilleen kaksi litraa konjakkia.

Hjalmar Kaipiaisen kuulusteluihin liittyen kuulusteltiin myös Martta Hännistä, Hilma Niemistä ja Evert Kaipiaista, joka oli Hjalmarin veli. Evert kertoi taistelleensa punakaartissa Joutsenon rintamalla jonkinlaisena päällikkönä ja olleensa rautatieasemalla lauantaina 27.4. kun tapasi siellä Hjalmarin ja lähti hänen mukaansa Suomi hotelliin. Lääninvankilassa Evert ei ollut mukana.
Myös Hjalmarin äitiä, joka oli tullut Viipuriin tapaamaan poikaansa, kuulusteltiin. Anna Kaipiainen kertoi tulleensa 18.5. väärällä lupakirjalla Viipuriin tuodakseen pojalleen Evertille puhtaita vaatteita. 21.5. hän oli ilman erityistä päässyt tapaamaan Hjalmaria koulun sairaalaan. Hjalmar oli tuolloin käskenyt häntä ottamaan huoneessa olleet Hjalmarin vaatteet, palttoon, takin ja liivit mukaansa kotiin.[86]
Kuulustelujen jälkeen Hjalmar Kaipiainen kannettiin paareilla sairaalan pihalle ja ammuttiin 23.5.1918.[87]
Evert Kaipiainen ammuttiin vankileirillä 16.6.1918.[88] Martta Hänninen tuomittiin valtiorikosylioikeudessa 5 vuoden kuritushuonerangaistukseen ja olemaan 8 vuotta ilman kansalaisluottamusta.[89]

Emil Ihalainen oli 25-vuotias työmies Viipurin Tiiliruukista. Perheeseen kuului vaimo ja kaksi lasta. Ihalainen oli entinen lääninvankilan vanki, joka oli saanut ensimmäiset tuomionsa jo 15-vuotiaana. Vankilassa hän oli ollut neljästi. Tuomiot

---

[86] EK Valpo I AMp 2778. KA
[87] Tikka, Marko Kenttäoikeudet.
[88] Suomen sotasurmat 1914 -1922 KA
[89] VRYO 27583 Hänninen Martta KA

olivat tulleet varkauksista ja ryhtymisestä varastettuun tavaraan. Hän vapautui Viipurin lääninvankilasta 8.3.1918 punakaartiviranomaisten toimesta. Vapauduttuaan Ihalainen liittyi heti punakaartiin. Hän kohosi nopeasti jonkinlaiseksi päälliköksi punakaartiin. Viipuriin hän palasi sotaretkeltä viimeistään 26.4. Hänen tiedetään etsineen Viipurissa lääninvankilan pastori Frimannia ampuakseen tämän. Frimannia hän ei kuitenkaan löytänyt. Todistettavasti Ihalainen kävi lääninvankilassa kaksi kertaa. Lauantaiaamuna 27.4. hän kävi hakemassa henkilökunnan revolverit lääninvankilasta. Seuraavan kerran hän ilmestyi lääninvankilaan 28.4. aamupäivällä. Yöllä häntä ei nähty vankilassa.

Ihalainen oli piileskellyt kaupungin valtaushetkillä kellarissa Niilonkadulla ja välttynyt ensimmäiseltä kostoaallolta. Kiinnijäätyään hän ei kertonut vankilatuomiostaan, eikä päällikkyydestään punakaartissa, vaan sanoi olleensa vain vahtipalveluksessa. Valhe meni läpi tutkijalautakunnan kiireisessä kuulustelussa. Rikosrekisteriä tai papintodistusta ei ollut heti käsillä. Tutkijat eivät aluksi tienneet hänestä juuri mitään. Vähitellen Ihalaisen menneisyys ja historia punakaartissa alkoi selvitä. Myös yhteys lääninvankilan tapahtumiin alkoi selvitä. Ihalaista kuulusteltiin pitkään ja käsittely valtiorikosoikeudessa kesti. Syynä lienee ollut se, että muut lääninvankilan tapahtumiin syyllistyneet oli jo ammuttu ja tutkijat olivat kiinnostuneet lääninvankilan tapahtumista laajemmalti. Näistä odotettiin saatavan tietää Ihalaiselta. Lopulta Ihalainen tuomittiin 11.10.1918 valtiorikosoikeudessa kuolemaan valtio- ja maanpetoksesta sekä sen yhteydessä tapahtuneesta aseryöstöstä ja kassakaapin murtamisesta Viipurin lääninvankilassa.[90] Kaksi valtiorikosoikeuden jäsentä olisivat tahtoneet, että päätöksessä olisi mainittu aseryöstö lääninvankilasta 27.4. aamulla oli tapahtunut tarkoituksessa tehdä vartijat kykenemättömiksi puolustamaan poliittisia vankeja ja itseään. Tuomio muuttui valtiorikosylioikeudessa elinkautiseksi

---

[90] Keskisarja, Teemu. Viipuri 1918.

kuritushuonerangaistukseksi, josta Ihalainen vapautui armahdusten yhteydessä 1920-luvulla.[91]

6.1. Tapahtumien tutkinta vankilan henkilökunnan osalta

Tutkinnat ulotettiin myös lääninvankilan henkilökunnan toimintaan. Henkilökuntaan kuuluvia kuulusteltiin murhien osalta todistajina. Tutkimus kohdistui henkilökunnan osalta vain heidän toimintaansa sisällissodan aikana eikä siis lääninvankilaan murhiin eikä heidän toimintaansa 27.–28.4.1918.

Henkilökunnan osalta kevättalven tapahtumia selvitettiin mm vankilan johtokunnassa 21.5.1918. Tuolloin käsiteltiin komissaarien ja vankilaneuvoston toimintaa ja valitsemista. Syytteessä olivat komissaarina toiminut vanginvartija August Järvenpää ja apulaiskomissaarina toiminut Sulo Kustaa Niemelä sekä koko joukko henkilökuntaan kuuluvia, jotka olivat osallistuneet vartijaneuvoston työskentelyyn tai muuten toimineet vartijaneuvoston tai komissaarin määräyksestä.

Asioiden käsittelyä jatkettiin virkarikosoikeudessa, jonka 145. osasto teki 8.11.1918 päätöksensä. Komissaarina toiminut vanginvartija August Järvenpää tuomittiin 4 vuoden ehdottomaan kuritushuonerangaistukseen, olemaan 6 vuotta vailla kansalaisluottamusta ja menettämään virkansa. Päätöksessään oikeus katsoi selvitetyksi, "että sitten kun tammikuussa 1918 maassa oli syntynyt kapina ja osa kapinallisista, aikoen laittomalla tavalla kumota maan hallitusmuodon, Suomen kansanvaltuuskunnan nimellä oli julistanut itsensä maan hallitukseksi ja ryhtynyt kansaneduskunnalle ja hallitukselle kuuluviin tehtäviin, on syytetty kapinan ajan toiminut kapinallisten asettaman nk. vankilaneuvoston jäsenenä ja komissaarina

---

[91] VRYO 27153 Ihalainen, Emil. KA

Viipurin lääninvankilassa ja siten kapinallisten toimesta laittomasti ryhtynyt hoitamaan sanotun vankilan asioita, minkä vuoksi oikeus tuomitsi Järvenpään avunannosta valtiopetokseen" [92] Apulaiskomissaari Kaarlo Niemelä tuomittiin kolmen vuoden ehdottomaan kuritushuonerangaistukseen ja menettämään kansalaisluottamuksen viideksi vuodeksi.[93] Muut syytetyt, joita oli kahdeksan, saivat kaikki kahden vuoden ehdollisen kuritushuonerangaistuksen sekä menettivät kansalaisluottamuksen viideksi vuodeksi. Kaikki tuomiot tulivat osallistumisesta punaisen vallan aikana vankilan komissaarin, apulaiskomisaarin tai vartijaneuvon toimintaan osallistumisesta.

Vankilan henkilökunnan toimintaa vankilassa 27.–28.4.1918 ei vankilan johtokunnan toimesta tutkittu. Myöskään murhia tutkinut työryhmä ei puuttunut henkilökunnan toimintaan murhayönä. Tutkimatta näin ollen jäi mm. se, miten Kaipiaisen joukko pääsi vankilaan, miten Ihalainen onnistui 27.4.aamulla saada henkilökunnan aseet haltuunsa, syyllistyikö joku palveluksessa oleva henkilökunnan jäsen mahdollisesti virkavirheelliseen toimintaan murhayönä jne. Tämä olisi ollut mahdollista, koska vankilan henkilökunnan tehtävä on ensisijassa taata järjestyksen säilyminen vankilassa, estää ulkopuolisten pääsyn vankilaan ja estää vankien karkaamiset vankilasta.

Aikaa 27.–28.4.1918 lukuun ottamatta vankilan päivittäiset toiminnat ja kurin ja järjestyksen ylläpito onnistuttiin kohtuullisen hyvin hoitamaan sisällissodan aikana. Tämä onnistui lähinnä siksi, että sisällissodan aikana vankilan palveluskunta eli lähinnä vartijat jäivät hoitamaan tehtäviään ja näin varmistivat vankilan toiminnan.

Yleisesti ottaen kaikissa punaisen vallan alaisissa vankiloissa pystyttiin noudattamaan päiväjärjestystä ja kuri ja järjestyksenpito säilyivät kohtalaisen

---

[92] VRYO 27544. Järvenpää, August.KA
[93] VRYO 27543. Niemelä, Kaarlo. KA

hyvänä. Väkivaltaisuuksia sen enempää henkilökuntaa kuin vankejakaan kohtaan ei esiintynyt.

On syytä tässä yhteydessä mainita, että vankeinhoitolaitoksen ylijohtaja K.J. Långin esityksestä oikeusministeri Taxell myönsi v. 1981 viimeiselle elossa olevalle vankilaneuvoston jäsenelle Helsingin keskusvankilan työmestari Oiva Hiltuselle vankeinhoidon ansioristin hänen ansiokkaasta toiminnastaan. Ylijohtaja K.J. Långin mukaan ilman ammattivartijoiden jäämistä palvelukseen vankilat olisivat olleet ammattitaidottoman henkilöstön hallinnassa, jolloin sekä ihmiselämä että omaisuus olisivat joutuneet taitamattoman ja vallankumouksellisten impulssien vallassa toimineen väen armoille. Ansioristin myöntäminen Hiltuselle oli kunnianpalautus kaikille valtiorikosoikeuden tuomitsemille sekä muille kansalaissodan aikana palveluksessa olleille ja sen johdosta eri tavoin leimatuksi tulleille vanginvartijoille.[94]

7. Syyllisten rankaiseminen

Valkoisten joukot valtasivat Viipurin kaakonpuoleiset kaupunginosat Kolikkoinmäen ja Patterimäen huhtikuun 27.–28.4 päivän välisenä yönä. Seuraavan päivän aikana kaupungin keskusta vallattiin kortteli korttelilta. Kaupungin valtaus päättyi läntisten osien punaisten antautumiseen huhtikuun 29. päivän valjettua.

Valtausta seuranneina päivinä Viipurissa vallitsi sekasorto. Sotilasjoukot ja sotilaat liikkuivat kaupungilla tarkastamassa rakennuksia ja etsimässä punakaartilaisia. Kotitarkastuksia tehtiin. Itäisissä kaupunginosissa ammuskeltiin edelleen. Rakennuksissa piileskelleet punakaartilaiset ampuivat kadulla liikkuneita valkoisia. Juopuneet jääkärirykmentin sotilaat aiheuttivat järjestyshäiriöitä ja järjettömiä

---

[94] Aavain asemassa. Vankilavirkailijaliiton vaiheita vuosilta 1895 – 1995. 1995.

ammuskeluja. Yksittäiset sotilasjoukot saattoivat päällikkönsä johdolla tapattaa kadulla sattumanvaraisesti pidättämiään henkilöitä.

Sotajoukkojen päälliköiden ja suojeluskuntien esikuntien asettamat kenttäoikeudet alkoivat välittömästi kuulustella taistelualueelta vangiksi otettuja, joista ehkä joitakin kymmeniä ammuttiin heti taistelujen päätyttyä.

Viipurin komendantiksi määrätyn Gustaf Finnen johdolla Viipurin alueella toimi lopulta kuusikymmentä osastoa kenttäoikeutta istumassa. Kuulusteluissa kirjattiin lähinnä henkilötiedot. Syylliset luokiteltiin kolmeen ryhmään. Ensimmäiseen ryhmään kuuluivat johtajat, päälliköt, yllyttäjät, sala-ampujat, murhaajat, ryöstöjen ja muuten väkivallantekijät sekä muut verrattavat. Toiseen ja kolmanteen ryhmään luettiin vähemmän syylliset. Ensimmäiseen luokaan Viipurissa määrättiin 361 miestä ja 8 naista. Heistä ammuttiin 247. Loput pelasti toukokuun 23 pnä Viipuriinkin saapunut kielto vankien ampumisesta. [95]

Viipurin lääninvankilan surmatöiden osallistujista ei kaikkia tavoitettu tuomittaviksi. Pimentoon on jäänyt tässäkin tutkimuksessa mm. Valtter Lehmus niminen punakaartilainen. Hänen nimensä esiintyy kuulustelupöytäkirjoissa, mutta ei missään muissa luetteloissa. On myös mahdollista, että luettelosta puuttuu muitakin nimiä. Lääninvankilassa murhien aikana olleet punakaartilaiset saivat melkein kaikki kuolemantuomion. Ainoastaan Emil Ihalainen ja Juho Kohonen selvisivät elinkautisella kuritushuonetuomiolla. On muistettava, että monet lääninvankilassa murhien tapahtuma-aikoina olleet ovat voineet osallistua muihinkin rikoksiin.

Ammuttujen listalla ei ole yhtään naista. Teloitustietojen aukkojen ja asiakirjojen puutteellisuuden vuoksi tästä ei ole varmuutta. Suoranaisiin surmaamisiin he eivät lääninvankilassa osallistuneet, mutta yllyttäjinä, neuvojina, ja viestittäjinä heidän osuuttaan ei pidä aliarvioida. Heistä erityisesti on asiakirjoissa mainittu Helmi

---

[95] Tikka, Marko. Terrorin aika. Suomen levottomat vuodet 1917 – 1921. 2008.

(Henriikka) Koposen nimi. Hänen epäiltiin olleen kirjoittamassa vankilan mankelihuoneessa yhdessä Hilma Ruudun ja Lyyti Toropaisen kanssa ennen murhia viestiä Kaipiaiselle. Murhien ajankohtana heidän kerrottiin olleen hakemassa Kaipiaisen kanssa poliittisia vankeja käytävälle. Helmi Koposen mainitaan olleen mukana myös neuvomassa ja ohjaamassa etsittäessä vahtimestari Ahlgrenia ammuttavaksi. Vankilanjohtaja Stråhlmannia ammuttaessa Helmi Koponen mainitaan olleen mukana huutamassa ja yllyttämässä huutamalla: " Ampukaa päähän, ampukaa päähän ".

Viipurin kaupungin komendantin viraston antaman ohjeen mukaan " Jos pidätettyjen joukossa tavataan vankiloista rangaistusta kärsimistä vapautettuja henkilöitä, on heidän osallisuudestaan punakaartiin tutkittava ja heidät on eri passituksella, johon on merkittävä tutkinnan tulos, lähetettävä asianomaiseen vankilaan." On mahdollista, että naisvangit palautettiin pidättämisen jälkeen vankilaan, jonne he sitten unohtuivat tai sitten he yksinkertaisesti onnistuivat välttämään rangaistuksen. Ehkä ei myöskään ymmärretty heidän osuuttaan yllyttäjinä.

On myös oletettu[96], että ns. Taipalsaaren "suksisakki", joka Taipalsaarella, Lappeella ja Savitaipaleella syyllistyi ryöstöihin, varkauksiin, murhapolttoihin ja murhiin, olisi osallistunut myös lääninvankilan murhiin. Suksisakkiin kuului kaikkiaan 14 miestä. Joukon johtajana toimi Evert Tikka. Joukko perääntyi 25.4.1918 Lappeenrannan kautta Viipuriin ja majoittui Papulan kasarmiin.

Tieto pohjautuu pääosin suksisakkiin kuuluneen Evert Raution kuulustelupöytäkirjaan, joka on laadittu Tammisaaren vankileirillä 3.7.1918.[97] Rautio kertoo kuulustelupöytäkirjassa lääninvankilan murhien tapahtuneen luultavasti eräänä iltana klo 4-6 ip. kaksi päivää ennen kuin Viipurissa oli antauduttu. Raution kertomaan mukaan kello 7 aikaan häntä tuli vastaan

---

[96] Pentti Pylkkö. Punainen viima. Punaisten väkivalta 1917-1918. 2016.
[97] VRYO 18854. Heikkinen Mikko

kasarmin ruokalassa Hilmer Volanen, jonka käsi oli ollut hihnassa ja joka oli kertonut olleensa vankilassa, jossa oli vankeja murhattu ja päästetty vapaaksi 115 vankia, jotka ryhtyneet punakaartiin. Rautio oli melkein varma siitä, että suksisakki oli ollut mukana murhissa. Rautio mainitsee kuulustelupöytäkirjassa, että hurjimmat sakkiin kuuluneet olivat Tikka itse ja Nurmisen veljekset sekä Mikko Heikkinen ja Kinnunen ja Pakkanen. Lisäksi susisakkiin kuulumaton Väinö Pakkanen Taipalsaaresta oli Rautiolle kertonut käyneensä vankilassa ja että 20 henkilöä oli murhattu.

Suksisakkiin kuulunut Antero Pyymäki[98] kertoo kuulusteluissa suksisakin hajaantuneen Viipurissa, vaikka asuivat Papulan kasarmissa. Itse kertoo olleensa taistelussa Papulan sillan päässä. Murhissa kertoo luultavasti olleen mukana Hilmer Volasen ja Väinö Pakkasen.

Lappeen Rutolan punakaartiin kuulunut Emil Paakkari[99] kertoo, että lääninvankilan murhiin olisivat osallistuneet Paul Järvinen[100] ja Vilho Koppo[101]. Kumpaakaan ei ole tuomittu osallisuudesta lääninvankilan tapahtumiin.

Muista mainituista Evert Tikka on kadonnut[102] ja Väinö Pakkanen mestattu 5.5.1918[103]. Hilmer Volasen[104], Erland Nurmisen[105], Hjalmar Nurmisen[106] ja Paavo Kinnusen[107] valtiorikosylioikeuden asiakirjoista ei ilmene, että kukaan heistä olisi ottanut osaa lääninvankilan murhiin.

---

[98] VRYO 24244. Pyymäki Antero
[99] VRYO 26552. Paakkari Emil
[100] VRYO 12063. Järvinen Paul
[101] Koppo Vilho VRO 64/428
[102] Kannela Heikki ym. Taipalsaari 1918. 2006
[103] Sotasurmat 1914-1920 KA
[104] VRYO 14770. Volanen Hilmer
[105] VRYO 4383. Nurminen Erland
[106] VRYO 17727. Nurminen Hjalmar
[107] VRYO 11415. Kinnunen Paavo

Mikko Heikkisen asiakirjoissa on Lemin ja Taipalsaaren nimismiehen lausunto 11.11.1920 Oikeuskanslerille Heikkisen syyllisyydestä Lemin pitäjässä ja Savitaipaleella tapahtuneisiin murhiin. Lausunnossa nimismies toteaa, että Heikkistä vastaan ei ole ilmennyt kuulusteluissa sitovia todisteita murhista. Lääninvankilan murhien osalta nimismies lausunnossaan toteaa olevan kyllä hyvin todennäköistä, että Heikkinen on osallistunut niihin. Lausunnossaan nimismies kertoo kuitenkin kuulustelleensa kaikkia Evert Raution kuulustelupöytäkirjassa mainittuja silloin jo ehdonalaisessa vapaudessa olleita henkilöitä, jotka kaikki olivat jyrkästi kieltäneet osallistumisensa Viipurin lääninvankilan murhiin eivätkä niin ollen sano tietävänsä, että Heikkinen olisi ollut siellä murhaamassa.

Asiakirjojen mukaan on selvää, että ns. suksisakkiin kuuluneet miehet ovat asuneet lääninvankilan tapahtumien aikana Papulan kasarmeilla ja ottaneet osaa taisteluihin Papulan sillan vieressä ja mahdollisesti myös lääninvankilan alueella. Sitä vastoin heidän osallistumisensa lääninvankilan murhiin on epäselvää.

Lääninvankilan murhissa 27.- 28.4.1918 mukana olleita:

Nimi	synt.aika	kirjoilla	ammatti	siviilisääty	kuolinaika
pääasiallinen tietolähde					
Kaipiainen Hjalmar	15.11.1888	Joutseno	työmies	naimaton	23.5.1918
Ek valpo AMp 2778					ammuttu
Piskonen Albin	1891	Lappee	työmies		15.5.1918
Ek valpo AMp 2778					ammuttu
Huomo Kalle	27.3.1894	Lappee	työmies	naimaton	5.5.1918
EK/valpo Amp 388					ammuttu

Ihalainen Emil VRYO 27153	5.3.1893	Viipuri	työmies	naimisissa	elink.krh
Karppinen Heikki Marko Tikka. Koston kevät	30.11.1873	Pyhtää	työmies	naimisissa	25.5.1918 ammuttu
Kimmo Rafael VRYO 27153	5.2.1885	Viipuri	työmies	naimaton	3.5.1918 ammuttu
Kimmo Rainer VRYO 27153	9.3.1887	Viipuri	työmies	naimaton	3.5.1918 ammuttu
Kohonen Juho VRYO 17929	24.6.1893	Lappee	työmies	naimaton	12 v krh
Korttinen Elias Ek valpo AMp 2778	2.6. 1876	Savitaipale	työmies	naimisissa	7.5. 1918 ammuttu
Leinonen Pekka Ek valpo AMp 2778	1893	Impilahti			touk.1918 ammuttu
Liukkonen Albin Ek valpo AMp 2778	lokak. 1897	Lappee	työmies		1.5.1918 ammuttu
Manninen Toivo Ek valpo AMp 2778	3.7. 1896	Lappee	työmies		1.5.1918 ammuttu

Miettinen Pekka 28.3.1879 Joutseno työmies 1.5.1918
Karl Karlssonin muistelmat ammuttu

Sokura Mauno 30.1.1897 Lappee työmies 1.5.1918
Ek valpo AMp 2778 ammuttu

Turunen Eetu 26.5.1899 Lpr työmies 1.5 1918 Ek
valpo AMp 2778 ammuttu

Vesterinen Viljam 9.10.1900 Lappee työmies 15.5. 1918
Marko Tikka. Koston kevät. ammuttu

8. Lääninvankilassa 27.–28.4.1918 surmatut

Viipurin lääninvankilassa surmattiin 27.–28.4.1918 kaikkiaan 30 henkeä. Heistä 21 oli poliittisia vankeja ja 6 vankilan henkilökuntaan kuuluvia, rangaistusvankeja 2 ja yksi pakolainen. Surmansa saneet poliittiset vangit olivat: Ikonen, Inkinen, Jääskeläinen, Karonen, Kemppi, Kiiski, Kling, Leppänen, Liikka, Mielonen, Paaso, Peltola, Pietinen, Pohjola, Puhakka, Pärnänen, Romonen, Svedlin, Tallgren, Tilli ja Wahl. Vankilan henkilökuntaan kuului uhreista Ahlgren, Jokinen, Laakkonen, Mannermaa, Pylkkänen ja Stråhlman.

Ahlgren Magnus. Vankilan vahtimestari 44 v. Viipuri. s. 16.2.1874 Hankoniemi. Käynyt kansakoulun. Toimi raitiotiekonduktöörinä Helsingissä 1895 – 1899. Siirtyi sen jälkeen Lammille, jossa toimi ensin kaupanhoitajana ja myöhemmin kauppiaana. Oli harjoittelijana Helsingin kuritushuoneella 1893 – 1894, minkä jälkeen siirtyi Vaasan lääninvankilan vahtimestariksi. Siirtyi 1.6.1907 Viipurin lääninvankilan järjestyksestä vastaavaksi vahtimestariksi. Hän koetti aikaansaada vankien olojen parantamista, erittäinkin siisteyden, ruokajärjestyksen ja terveydenhoidon suhteen. Vankilajärjestyksestä vastaavana vahtimestarina hän joutui monesti puuttumaan vaikeitten vankien käytökseen vankilassa, mistä johtuen hänestä ei pidetty vankien joukossa.

Hänen harrastuksiinsa kuului valokuvaus. Hän oli myös suuri luonnonihailija. Varsinkin kukanviljely kuului hänen mielitöihinsä. Häntä vaadittiin jäämään 14.2.1918 punaisten palvelukseen, mistä jyrkästi kieltäytyi. Tämän vuoksi hänet vangittiin ja vietiin punaisten etsivään osastoon. Sieltä hänet kuitenkin vapautettiin 9 vuorokauden perästä ja hän sai asua kotonaan. Murhapäivänä hän oli lääninvankilan kellarissa, josta punaiset hänet löysivät ja ampuivat ensimmäisten joukossa.

Ahlgren on haudattu 11.5.1918 Viipuriin.

Puoliso Aleksandra Mökkälä s. 3.7.1876. (4)

Ikonen Leander. Arkkitehti 57 v. Viipuri.

s. Joroisten Häyrilän kylässä 14.10.1860. Kävi ensin Kuopion reaalikoulua. Sai päästötodistuksen polyteknisestä opistosta 1883. Oli Yleisten rakennusten ylihallituksen arkkitehtina 1883–1886. Toimi Kuopion teollisuuskoulun rehtorina 1886 -1896 ja Viipurin teollisuuskoulun rehtorina 1898 -1918. Oli A. Viklundin liikkeen johtajana 1901–1912 sekä Viipuri lehden päätoimittajana muutamia vuosia. Viipurin valtuuston ja rahatoimikunnan jäsen. Eduskunnan jäsen 1917 Suomal.puolue. Viipurin suomalaisen yhteiskoulun johtokunnan puheenjohtaja pitemmän aikaa. Karjalan teknillisen seuran puheenjohtaja. Kuopion työväenyhdistyksen puheenjohtaja ja Kuopion vaivaishoitohallituksen puheenjohtaja useita vuosia. Karjalan kansalaisliiton puheenjohtaja.

Vangittiin Viipurissa 31.1.1918. Haudattu Viipuriin 11.5.1918.

Puoliso Jenny Matilda Viklund. (4)

Inkinen Heikki. Tehtailija 32 v. Kirvu.

s. 13.6.1885 Kirvu. Saatuaan päästötodistuksen kirkonkylän kansakoulusta 1898 ja käytyään Tampereella käytännöllisen nahkurikoulun 1907 hän hoiti isänsä kanssa nahkuriliikettä Kirvussa. Muodosti liikkeen 1917 osakeyhtiöksi, jolloin aloitti sen toimitusjohtajana Viipurissa. Oli Kirvun paloapuyhtiön toimitusjohtaja 1915 -1917.

Toimi kunnan kirjurina Kirvulla lähes 10 vuotta. Innostunut voimistelija. Kirvun suojeluskunnan perustajia, hankki sille mm. kiväärejä. Oli mukana Venäjänsaaren retkessä. Hankki sinne ruokaa ja ampumatarvikkeita kulkien henkensä uhalla punaisten ketjun läpi.
Haudattu 10.5.1918 Kirvun sankarihautaan
Puoliso Aino Vuori s. 14.3.1894. (4)

Jokinen Juho. Vanginvartija 45 v. Viipuri.

s. 27.2.1873 Janakkala. Muutti perheineen Viipuriin Lappeenrannasta 1915. Oli otettu arvanheiton perusteella Suomen rakuunarykmentin palvelukseen rakuunana 1.11.1895, palvelus loppui 31.10.1898. Toimi apulaisvartijana Helsingin kuritushuoneessa 1899, 1904 ja 1905 -1906. Ylimääräiseksi vartijaksi hänet otettiin 1.11.1906. Hän erosi omasta pyynnöstään Helsingin kuritushuoneen palveluksesta 1910. Viipurin lääninvankilan vartija vuodesta 1915. Jokisella oli kuusi lasta.
Haudattu Viipuriin.
Puoliso Elviira Oksanen. (1)

Jääskeläinen Arvi. Entinen etsivä 24 v. Viipuri.

s. 23.7.1893. Kirjoilla Viipuri.
Naimissa. (2)

Karonen Yrjö. Ylioppilas 19 v. Helsinki.

s. 14.8.1898 Luumäki. Ylioppilas Viipurin suomalaisesta klassillisesta lyseosta 1917. Meni syksyllä 1917 harjoittelijaksi rautateille. Suoritti telegrafistitutkinnon 1917 ja toimi vt. junanlähettäjänä Kämärän asemalla. Harrasti urheilua ja erityisesti shakkipeliä. Liittyi 1917 Viipurin suojeluskuntaan. Joutui 16.3. punaisten vangiksi ja toimitettiin lääninvankilaan.
Haudattu 4.5.1918 yksityishautaan Viipurin uuteen hautausmaahan ristimäelle.
Naimaton. (4)

Kemppi Heikki. Huvilanvahti 45 v. Muolaa.

s. 1.2.1873. Kirjoilla Muolaa. Naimisissa. (2)

Kiiski Tuomas. Talollinen 40 v. Muolaa.

s. 5.1.1878. Kirjoilla Muolaa. Naimisissa. (2)

Kling Ilmari. Talollisen poika 16 v. Sakkola.

s. 23.4.1901 Kivennapa. Sai päästötodistuksen Sakkolan Viiksanlahden kansakoulusta 1913. Toimi lapsesta asti maanviljelysalalla. Kuului nuorisoseuraan ja kirjoitteli pieniä runoja. Liittyi Sakkolan suojeluskuntaan 17.9.1917. Oli Kivimäessä suojelemassa kotipitäjäänsä ns. rankaisuretkeiljöitä vastaan. Lähti Viipuriin, jossa muiden mukana joutui vangiksi 21.1. ja vietiin lääninvankilaan. Haudattu 12.5.1918 Sakkolan sankarihautaan. Vap.mitali I, Venäjänsaarenmitali ja muistomitali.
Naimaton. (4)

Komonen Juho. Talollisen poika 21 v. Sakkola

s. 5.6.1896 Vuoksela. Kävi kaksi vuotta kansakoulua, minkä jälkeen toimi maanviljelysalalla. Liittyi 1917 Sakkolan suojeluskunnan Vuokselan osastoon. Mentyään Viipuriin joutui siellä vangiksi.
Haudattu 13.5.1918 Vuokselaan.
Naimaton. (4)

Laakkonen Heikki. Vanginvartija 44 v. Kuopio.

s. 16.6.1873 Kuopion pitäjässä. Teki nuoruudessaan maamiehen töitä. Palveli Henkivartioväen 3:ssa Suomen tarkka-ampujapataljoonassa 1.11.1895 – 31.10.1898. Ylennetty jefreitteriksi 30.10.1897. Ollut Niuvanniemen keskuslaitoksessa mielisairaita varten sairaanhoitajana syyskuusta 1898

lokakuuhun 1902. Toiminut Leppävirran kunnan mielisairaslaitoksen hoitajan marraskuusta 1902 joulukuuhun 1908. Otettu ylimääräiseksi vartijaksi Kuopion lääninvankilaan 1.1.1909 ja vakinaiseksi vartijaksi 16.9.1913. Lähetettynä saattamaan ylimääräistä vankivaunua Helsinkiin, joutui paluumatkalla Viipurin lääninvankilaan, missä punakaartilaisten ampumana kuoli.
Laakkonen on haudattu Kuopioon.
Puoliso Eveliina. s. 1877. (1)

Leppänen Eino. Varatuomari 30 v. Viipuri.

s.1.11.1887 Kiihtelysvaara. Ylioppilas Joensuun klassillisesta lyseosta 1906. Suoritti oikeustutkinnon 1909 ja otettiin Viipurin hovioikeuden auskultantiksi samana vuonna. Sai varatuomarin arvonimen 1912. Perusti 1913 Viipuriin oman asianajotoimistonsa, jota hoiti kuolemaansa asti. Oli Osakeyhtiö Auvisen johtokunnan jäsen ja Karjalan aamulehden lainopillinen avustaja. Kuului Viipurin kennelklubiin harrastaen metsästystä. Leppänen oli Viipurin suojeluskunnan jäsen. Hänet vangittiin Viipurissa sodan alkuaikoina ja yhdeksänviikkoisen vankeuden jälkeen murhattiin.
Leppänen on haudattu 11.5.1918. Viipuriin.
Kihloissa. (4)

Liikka Elias. Talollinen 59 v. Nuijamaa.

s. 3.2.1860 kirjoilla Nuijamaa. Naimissa. (2)

Mannermaa Alfred. Vankilan vahtimestari 38 v Viipuri

s. 21.5.1880 Viipuri. Kävi 3 luokkaa Viipurin ruotsalaista lyseota, josta erosi 1897. Toimi konttoristina eri liikkeissä Viipurissa 1897 – 1907. Nimitettiin 1912 Viipurin lääninvankilan talousvahtimestariksi. Esiintyi amatöörinäyttelijänä mm. toistakymmentä vuotta Viipurin työväen teatterissa sekä iltamanäyttelijänä

Maaseututeatterissa. Viimeisinä vuosinaan Mannermaa esiintyi myös Viipurin ulkoilmateatterissa. Kuului Viipurin nuorsuomalaiset seuran agitatsionivaliokuntaan. Punaisten ottaessa vallan myös lääninvankilassa vankilan johto ja johtokunnan jäsenet ensin pidätettiin ja sitten vapautettiin maksettuaan sakot. He saivat jäädä asumaan vankilan alueelle. Ainoa vankilan esimiehiin kuuluva, joka jäi hoitamaan virkaansa oli Mannermaa. Hänet tunnettiin sopuisana ja humaanina vankeinhoitajana, johon luotettiin. Poliittisten vankien omaiset olivat mm. käyneet kahdesti pyytämässä häntä jäämään paikalleen. Hänen asemansa oli erikoinen. Hän johti käytännössä vankilaa, vaikka vankilaan oli henkilökunnan toimesta ja punaisten vaatimuksesta valittu vankilaa johtamaan komissaari ja neuvosto. Mannermaa nautti myös vankilan henkilökunnan luottamusta ja hänen toimintansa hyväksyttiin. Mannermaa pystyikin hoitamaan tehtävänsä aina sodan loppuvaiheisiin asti.

Mannermaa on haudattu yhteiseen hautaan Viipuriin.

Puoliso Dagmar Itkonen s.3.1.1879. (4)

Mielonen Juho. Maanviljelijä 60 v. Kurkijoki.

s.15.8.1858 Kurkijoki Korpisaari. Naimisissa. 1 lapsi. (2)

Paaso Aleksander. Talollinen 25 v. Sakkola.

s. 8.7.1893 Sakkola. Sai päästötodistuksen Sakkolan Haparaisten kansakoulusta 1907. Toimi maanviljelijänä isänsä tilalla Sakkolan Keljan kylässä. Oli Haparaisten nuorisoseuran esimies. Liittyi Haparaisten suojeluskuntaa 1917. Otti osaa Viipurin retkeen, jolloin 23.1.1918 jäi vangiksi. Häntä kuljetettiin vankilasta toiseen ja viimein hän joutui lääninvankilaan.

Haudattiin 8.5.1918 Sakkolan veljeshautaan.

Puoliso Loviisa Kallonen s. 3.9.1893. (4)

Peltola Aarne. Luutnantti 22 v. Valkeala.

s. 25.7.1895 Viipuri. Kävi 7 luokkaa Kouvolan suomalaista yhteiskoulua. Suoritti 1915 Vladimirin sotaopiston kurssin Pietarissa, minkä jälkeen otti osaa maailmansotaan. Haavoittui kahdesti. Ylennettiin luutnantiksi. Oli innokas urheilija. Kuului " Kouvolan urheilijoihin". Viipurin suojeluskuntalaisena hankki aseita Viipuriin, kunnes hänet punakaartilaisten toimesta heti sodan alussa vangittiin.
Haudattu 11.5.1918 Viipuriin.
Naimaton. (4)

Pietinen Matti. Tehtailija 59 v. Viipuri.

s. 3.3.1859 Suminainen. Kansakoulu. Kansakoulun opettaja Jyväskylän seminaarista 1881. Kansakoulun opettaja Säkkijärvellä 1882 – 1892. Puusepäntehtaan omistaja Säkkijärvellä 1886- 1892. Puusepäntehtailija Viipurissa 1891 – 1918. Liike vuodesta 1917 Matti Pietinen Oy, jonka johtokunnan puheenjohtaja Pietinen oli. Teki liiketoimiensa ohella talokauppoja. Vangittiin poliittisista syistä. Pietinen oli porvarisäädyn jäsen 1904- 1906 valtiopäivillä. Hän oli Säkkijärven kuntakokouksen puheenjohtaja. Viipurissa hän oli kaupunginvaltuuston jäsen. Hän toimi myös Karjalan kirjapaino Oy:n johtokunnan puheenjohtajana. Pietinen kuului Nuorsuomalaiseen puolueeseen ja oli sen kansanedustajana 1910- 1914.
Haudattu Viipuriin.
Puoliso Ida Virtanen. (3)

Pohjola Arvo. Koululainen 19 v. Viipuri.

s. 16.9.1900 Viipuri. Oli Viipurin suomalaisen lyseon III luokalla. Kuului partiopoikiin. Oli ryhmäpäällikkö. Joutui aseiden kuljettamisesta 17.3. vangiksi ja tuomittiin punaisten tuomioistuimessa 6 kk vankeuteen.
Haudattu 4.5.1918 sukuhautaan Sorvalin hautausmaahan.
Naimaton. (4)

Puhakka Väinö. Filosofian maisteri 30 v. Helsinki.

s. 29.9.1887 Jääski. Ylioppilas Viipurin suomalaisesta klassillisesta lyseosta 1906. Suoritettuaan filosofian kandinaatintutkinnon ja 1912 agronomin tutkinnon Puhakka tuli Tikkurilaan Ånäsin koelaitoksen assistentiksi, jossa työskenteli vuoteen 1916. Teki tällä aikaa opintomatkan Saksaan ja Ruotsiin. Yliopistoaikanaan hän oli usean vuoden Viipurilaisen osakunnan kuraattorina. Toimi Viipurin maanviljelysseuran v.t. sihteerinä ja Karjalan kansalaisliiton sihteerinä Viipurissa. Hän toimi innokkaasti kotikylänsä nuorisoseurassa ja kotiseututututkimusyhdistyksessä. Puhakka on julkaissut kirjan "Viipurin läänin maanviljelysseuran historia vv. 1847 – 1868". Harrasti postimerkkien keräilyä. Vangittiin Karjalan kansalaisliiton kansliassa 31.1.1918 ja vietiin lääninvankilaan. Haudattiin yksityiseen hautaan 12.5.1918 Jääsken hautausmaahan.
Puoliso Aino Hakkarainen s. 8.9.1912. (4)

Pylkkänen Gabriel. Vanginvartija 64 v. Viipuri

s. 10.5.1854 Juvan Maivalassa. Muutti perheinen Juvalta ensin Anttolaan 1879 ja palasi takaisin Juvalle 1884, josta muutti Viipuriin 1903. Asui Viipurissa perheineen Papulassa. Perheeseen kuului 5 lasta.
Haudattiin 11.5.1918 Viipurin sankarihautaan.
Naimisissa. Puoliso Loviisa Hämäläinen

Pärnänen Yrjö. Koululainen 15 v. Viipuri.

s. 2.10.1902 Pietari. Käytyään 4 luokkaa Myllymäen kansakoulua Viipurissa hän siirtyi Viipurin suomalaiseen lyseoon syksyllä 1913. Erosi 3. luokalta 1916. Toimi Villiam Otsakorven liikkeessä. Tuli uudelleen samaan lyseoon 1917. Toimi Viipurin suojeluskunnassa syksystä 1917 ottaen osaa mm. kahakoihin 22.1.1918. Punaiset pidättivät usean kerran. Tuodessaan aseita kaupunkiin 17.3. hän joutui Hiekassa punaisten pidättämäksi. Hänet vietiin ruotsalaiselle lyseolle ja tuomittiin Viipurin vallankumousoikeudessa 6 kk työvankeuteen ja siirrettiin lääninvankilaan.
Haudattu 11.5.1918 Viipurin sankarihautaan.
Naimaton. (4)

Rusi Oskar. Talollinen 30 v. Koivisto.

s. 4.6.1887. Kirjoilla Koivisto. Naimisissa.(2)

Stråhlman Johan. Vankilanjohtaja 51 v. Viipuri

s. 3.10.1866 Sääminki. Ylioppilas Viipurin ruotsinkielisestä lukiosta 1887. Julkinen kameraalitutkinto 1894.Viipurin lääninhallituksen ylimääräinen lääninkanslisti 1894. Viipurin lääninvankilan harjoittelija 1897 ja samalla vankeinhoitohallituksen ylimääräinen virkamies joulukuusta 1897. Koivulan kasvatuslaitoksen taloudenhoitaja 1898. Turun kuritushuoneen ylimääräinen virkamies 1898 – 1899. Nimitetty Kuopion lääninvankilan kirjanpitäjäksi 26.6.1900. Viipurin lääninvankilan kirjanpitäjä 3.11.1900. Helsingin kuritushuoneen kirjanpitäjä 4.10.1907. Viipurin lääninvankilan vt. johtaja 27.4.1914. Nimitettiin Oulun lääninvankilan johtajaksi 23.2.1917. Nimitettiin Viipurin lääninvankilan johtajaksi 24.9.1917.
Puoliso Alma Emilia Englund.
Haudattu 11.5.1918 Viipuriin.(5)

Svedlin Karl. Koululainen 19 v. Viipuri.

s. 8.7.1899 Jaakkima. Kävi kansakoulun. Oli parasta aikaa Viipurin kauppakoulun oppilaana, kun sota syttyi. Kuului Viipurin suojeluskuntaan. Oleskeli Viipurissa kaiken aikaa, kun punaiset olivat vallassa, Viipurissa. Sinä aikana hän oli neljästi pidätettynä, koska kuului suojeluskuntaan ja yritti ostaa aseita. Vihdoin hän joutui erään toverinsa petoksen kautta kiinni ja joutui lääninvankilaan. Naimaton. (4) Haudattu 11.5.1918 sankarihautaan Viipuriin.

Tallgren Johan. Ratainsinööri 49 v. Viipuri.

s. 7.4.1868 Helsinki. Kävi Helsingin reaalikoulun. Kirjoittautui Polyteknillisen opiston insinööriosastolle 1886. Sai sieltä päästötodistuksen 1890. Sai heti opistosta päästyään paikan insinööriapulaisena Karjalan rautatierakennuksessa 1890 -1894. Ylennettiin myöhemmin ratainsinööriksi Viipuriin. Hän kuului useisiin ammatti- ym. seuroihin. Punaiset vangitsivat Tallgrenin 31.1.1918 aamulla Papulan rautatiesillalla, kun hän oli matkalla kotoaan rautatieasemalle, vaikka hän oli saanut punaisilta luvan vapaasti kulkea rautatiealueella. Hänet vietiin ensin poliisikonttorille ja sitten ruotsalaiselle lyseolle. Viipurin vallankumousoikeus tuomitsi hänet 22.3.1918 10000 markan sakkoihin ja olemaan 3 vuotta maan palvelukseen kelpaamaton siitä, että hän ei ollut tunnustanut vallankumouksellista hallitusta. Hänet siirrettiin lopulta Viipurin lääninvankilaan. Hänet on haudattu 14.5.1918 Helsingin vanhaan hautuumaahan.
Puoliso Bertta Jäder s. 2.3.1870 Kööpenhamina.(4)

Tilli Kristian. Vahtimestari 57 v. Viipuri.

s. 3.2.1861 Vehkalahden Salmenkylä. Kävi Husulan kansakoulun. Meni 1879 sotaväen palvelukseen soittajana. Erosi 1902 vääpelinä VIII Suomen tarkk'ampujapataljoonasta. Toimi sen jälkeen 10v soiton johtajana Viipurin VPK:ssa ja 2 v. Musiikin ystävät nimisessä soittokunnassa Viipurissa. Otettiin 1.3.1904 Viipurin kaupungin vaivaistalon vahtimestariksi. Hän oli innokas laulun ja

musiikin ystävä. Hän toimi myöskin tilapäisesti kaupunginteatterissa viulunsoittajana.
Hänet vangittiin Viipurissa 8.2.1918.
Puoliso Serafiina Korhonen s. 1.6.1867.(4)

Toijkander Edvard.   Asemapäällikkö 53 v. Ruokolahti.

s. 15.2.1865 Viipuri. Kävi Pietarin suomalaisen kirkkokoulun. Sai päästötodistuksen Viipurin suomalaisen reaalikoulun IV luokalta 15.6.1882. Otettiin vapaaehtoisena Viipurin paltaljoonaan 1884, josta aliupseerina komennettiin Haminan kadettikouluun upseerikurssille 30.9.1865. Ylennettiin vänrikiksi 17.8.1886. Oli vakinaisessa palveluksessa 1887 – 1892. Siirtyi 1890 harjoittelijaksi valtion rautateille. Toimi eri asemilla sähköttäjänä ja kirjurina. Pääsi Vuoksenniskan aseman päälliköksi 1910. Toimi Raivolan kansakoulun johtokunnan puheenjohtajana 1896. Liittyi Vuoksenniskan suojeluskuntaan 1917. Vuoden 1917 loppupuolella hän siirtyi Viipuriin hoitamaan liikennetarkastajan virkaa. Hänet vangittiin marraskuun lakon aikana, mutta laskettiin vapaaksi. Hän ei päässyt palaamaan Vuoksenniskalle vaan joutui jäämään Viipuriin, jossa hän asui vankilanjohtaja Stråhlmannin luona.
Hänet haudattiin Viipurissa 11.5.1918.
Puoliso Aina Sofia Englund s. 13.7.1867. (4)

Wahl Axel.   Ylioppilas 21 v. Viipuri.

s.16.5.1896 Viipuri. Ylioppilas Viipurin suomalaisesta yhteiskoulusta 1917. Aikoi antautua maanviljelijäksi ja oli sitä varten harjoittelijana Vaanilan tilalla Lohjalla. Harrasti urheilua, erityisesti purjehdusta. Kuului Viipurin purjehdusseuraan ja moneen muuhun urheiluseuraan. Hän oli erityisen harras luonnonystävä. Oli jouluna 1917 äitinsä luona Pietarissa, mutta ei tahtonut jäädä sinne, vaan toivoi pääsevänsä mukaan taisteluihin. Wahlin ollessa sodan aikana Viipurissa hänet vangittiin punakaartilaisten toimesta kadulla ja vietiin poliisilaitokselle. Sieltä hänet sitten siirrettiin lääninvankilaan.

Haudattu 11.5.1918 sankarihautaan Viipuriin.

Naimaton. (4)

Viitanen Paavo. Filosofian kanditaatti 25 v. Viipuri.

s. 2.10.1892 Turku. Ylioppilas Viipurin klassillisesta lyseosta 1911. Suoritti filosofian kandidaatintutkinnon 1917. Kuului sosiaalidemokraattiseen ylioppilasyhdistykseen, Ylioppilaskunnan laulajiin, Suomen lauluun ym. lauluseuroihin. Saksan- ja ranskankielen viransijaisopettaja Nurmeksen yhteiskoulussa syyskauden 1917. Toimi myös sanomalehden toimittajana viimeksi 1918 alussa Helsingissä " Työn vallassa". Julkaisi mm. runoja sanoma-ja aikakausilehdissä. Oli innokas esperanton harrastaja. Hän tuli Helsingistä kapinan alkuaikoina vanhempiensa luokse Viipuriin. Hän joutui saman kohtalon alaiseksi kuin muutkin lääninvankilassa surmatut, vaikkakin oli vankilassa vain tilapäisesti piilossa pakko-ottoja.

Haudattiin 11.5.1918 yhteiseen sankarihautaan Viipuriin.

Naimaton. (4)[108]

9. Uhrien hautajaiset

Surmansa saaneiden yhteinen siunaus- ja muistotilaisuus pidettiin Viipurissa 11.5.1918. Tilaisuuden järjesti Karjalan kansalaisliitto. Tilaisuus pidettiin Viipurin kaupungin suomalaisen seurakunnan kirkossa.

---

[108] Lähteet; 1. Marttinen, Seppo Viipurin lääninvankilan historia 2. Suomensotasurmat 1914-1922.KA. 3. Suomen eduskunta, matrikkeli. 4. Boström, H.J. Sankarien muisto. 5. Suomen vankeinhoidon historiaa osa 3.

Gabriel Pylkkänen	Vanginvartija	64 v.	Wiipuri
Juho Mielonen	Maanviljelijä	60 „	Kurkijoki
Elias Liikka	Talollinen	59 „	Nuijamaa
Matti Pietinen	Tehtailija	59 „	Wiipuri
Leander Ikonen	Arkkitehti	57 „	Wiipuri
Kristian Tilli	Vahtimestari	57 „	Wiipuri
Edvard Tojkander	Asemapäällikkö	53 „	Ruokolahti
Johan Arvid Stråhlman	Vankilan johtaja	51 „	Wiipuri
Johan Verner Tallgren	Ratainsinööri	49 „	Wiipuri
Juho Jokinen	Vanginvartija	45 „	Wiipuri
Heikki Kemppi	Huvilanvahti	45 „	Muolaa
Magnus Edvard Ahlgren	Vankilan vahtimestari	44 „	Wiipuri
Heikki Laakkonen	Vanginvartija	44 „	Kuopio
Tuomas Kiiski	Talollinen	40 „	Muolaa
Alfred Mannermaa	Vankilan vahtimestari	38 „	Wiipuri
Heikki Inkinen	Tehtailija	32 „	Kirvu
Eino Leppänen	Varatuomari	30 „	Wiipuri
Oskar Rusi	Talollinen	30 „	Koivisto
Väinö Puhakka	Filosofian maisteri	30 „	Helsinki
Aleksander Paaso	Talollinen	25 „	Sakkola
Paavo Vihtori Viitanen	Filosofian kandidaatti	25 „	Wiipuri
Arvi Aleksander Jääskeläinen	Entinen etsivä	24 „	Wiipuri
Aarne Viktor Peltola	Luutnantti	22 „	Walkeala
Juho Komonen	Talollisen poika	21 „	Sakkola
Axel Eduard Wahl	Ylioppilas	21 „	Wiipuri
Yrjö Henrik Karonen	Ylioppilas	19 „	Helsinki
Karl Axel Svedlin	Koululainen	19 „	Wiipuri
Arvo Leonard Pohjola	Koululainen	17 „	Wiipuri
Ilmari Kling	Ta'ollisen poika	16 „	Sakkola
Yrjö Pärnänen	Koululainen	15 „	Wiipuri

Karjala lehti oli myös julkaisut jo hautajaispäivän numerossa etusivullaan muistokirjoitukset useimmista surmansa saaneista paikkakunnan merkkihenkilöistä. Muistokirjoituksissa muisteltiin uhrien elämää, saavutuksia elämässä, heidän merkitystään yhteiskunnalle, ystäville ja omaisille ja esitettiin kiitokset heidän elämäntyöstään. Muistokirjoitukset oli julkaistu seuraavista uhreista; Matti Pietinen, Leander Ikonen, Väinö Puhakka, Edvard Toikander, Heikki

Inkinen, Paavo Viitanen, Johan Tallgren ja Eino Leppänen. Vankilan
henkilökuntaan kuuluvista uhreista oli muistokirjoitus Johan Ståhlmannista ja
Alfred Mannermaasta.[109]

Siunaustilaisuus Viipurin tuomiokirkossa Kuva: Etelä-Karjalan museo.

Viipurissa ilmestynyt Karjala lehti kertoo 12.5.1918 hautajaisjuhlallisuuksista
seuraavaa:" Viipurin lääninvankilassa murhattujen hautaustilaisuudesta
muodostui eilen vaikuttava ja mieltä ylentävä juhlatilaisuus. Jo puoli tuntia ennen
määräaikaa oli sankka väkijoukko kokoontunut kirkon edustalle ovien
aukaisemista odottamaan."
Kirkossa siunattiin haudan lepoon 20 vainajaa, joista yhteishautaan, joka sijaitsi
kirkon idänpuoleisessa puistikossa, kätkettiin 18 vainajaa. Tähän joukkoon

---

[109] Karjala lehti 11.5.1918.

kuuluivat; Pylkkänen, Pietinen, Ikonen, Tilli, Toikander, Stråhlman, Jokinen, Kemppi, Ahlgren, Mannermaa, Leppänen Rusi, Viitanen, Jääskeläinen, Peltola, Wahl, Svedlin ja Pärnänen. Toiselle paikkakunnalle haudattaviksi siunattiin jo haudatut Tallgren ja Puhakka. Uhreista osa oli jo haudattu tai muuten poissa hautajaistilaisuudesta. He olivat Mielonen, Liikka, Laakkonen, Kiiski, Inkinen, Paaso, Komonen, Karonen, Pohjola ja Kling.

Kirkossa vainajien siunaustilaisuus alkoi taiteilija Emil Sivorinin soittamalla surumarssilla, jonka aikana 12 pappia astui ruumisarkkujen päihin. Rovasti K.R. Jauhiainen piti ruumissaarnan. Kun oli laulettu virrestä 446 4-6- värssyt, toimitti rovasti Jauhiainen yhdessä kirkkoherrojen Mustakallio (nuorempi) ja Wegener ruumiiden siunauksen. Kaikki läsnä olleet papit puolestaan lukivat kukin tilaisuuteen sopivan raamatunlauseen.

Alttaripalveluksen suorittivat kirkkoherrat Saarnio ja Mustakallio. Laulettiin virsi 498. Sen jälkeen alkoi seppelten lasku.

Arkkujen ääreen astuivat pankinjohtaja K.N. Rantakari ja rehtori Yrjö Rosendahl. Pankinjohtaja Rantakari puhui. Hän kuvasi laajassa, lennokkaassa puheessaan, miten ne vainajat, joiden tomun ääreen nyt sukulaiset ovat kokoontuneet viimeistä palvelustaan toimittamaan, ovat kaatuneet Suomen menneisyyden ja tulevaisuuden puolesta. He ovat kuolemallaan sovittaneet menneisyyden erehdykset ja synnit. Kansansa hyväksi he ovat kaatuneet.

Puheessaan Rantakari jatkoi; ”Vainajat, jotka lepäävä arkuissaan, edustavat eri valtiollisia puolueita, erilaista yhteiskunnallista asemaa, luonteita ja vakaumusta. Kuolema on heidät yhteen liittänyt ja yhteiseen hautaan heidät myös lasketaan. Tämä kaikki on meille aivan kuin muistutus, miten meidän tulee olla yhtä. Yksimielinä seisten me voimme turvata Suomen tulevaisuuden, sen äsken saavutetun itsenäisyyden.
Lopuksi Rantakari lausui puheessaan rohkaisun sanoja surmattujen omaisille ja laski seppeleen Karjalan Kansalaisliiton ja Karjan kansan puolesta.”

 Rantakarin puheen jälkeen Viipurin lauluveikkojen (V.S.B) kuoro lauloi " Integer vitaen " Seuraavaksi lähetystö, herrat Vegelius, Alfthan ja Sellgren, astuivat tehtailija Matti Pietisen ja arkkitehti Leander Ikosen arkkujen ääreen laskemaan Viipurin kaupungin valtuuston seppelettä. Kauppaneuvos Alfthan puhui.

Elonjääneiden vankitoverien seppeleen laskivat insinööri Taavi Siltanen, toimittaja v. Suominen ja neiti Elin Wärnhjelm Insinööri Siltasen puhuessa. Muistosanoja lausuessaan ins. Siltanen sanoi, että "vaikka näitä vainajia kuljetettiin vankilasta vankilaan ja punaisen terrorin kätyrit heitä aina uhkasivat, eivät he luopuneet vakaumuksestaan eivätkä myöntyneet päästäkseen vapaiksi, vaan päinvastoin rohkaisivat niitä, jotka pyrkivät epätoivoon vaipumaan. Jos seuraamme heidän jälkiään, on maamme tulevaisuus turvattu."

Viipurin lauluveikkojen laulettua " Nuku rauhassa sydämein..." laskivat seppeleensä vankeustoverit herra Sadownikoffin puhuessa.

Valtiopäivätoverien puolesta puhui tohtori Tekla Hultin Matti Pietisen ja Leander Ikosen muistolle laskien seppeleen kansanedustajien Pullisen ja Juutilaisen kanssa heidän haudalleen.

Viipurilaisarkkitehtien seppeleen laski Leander Ikosen haudalle A. Schulman. Vielä Leander Ikosen haudalle laskettiin Karjan kansalaisliiton seppele.

Kuoron laulettua " Tuutu lasten tuonelahan.." jatkettiin seppelten laskemista. Seppeleitä laskivat ja puheita pitivät mm. Karjalan kansalaisliitto, Viipurin yhteiskoulu, Viipurin rakennusmestariliitto, Viipurin suomalainen NUIJA, Viipurilainen osakunta, Suoalainen maaseututeatteri, Etelä-Karjalan nuorisoseura ym.

Surumarssin soidessa kannettiin vainajien arkut yhteiseen sankarihautaan kirkon vierelle. Haudoilla jatkui seppelten ja kukkien lasku.[110]

Kuva hautajaistilaisuudesta tuomiokirkon ulkopuolella. Kuva: Etelä-Karjala

10. Summa summarum

Lääninvankilan tapahtumia 27.–28.4.1918 arvioitaessa on lähdettävä siitä, että maassa oli verinen sisällissota, jossa molemmat osapuolet syyllistyivät julmuuksiin ja veritekoihin ja että punaiset olivat selvästi joutumassa huhtikuun lopussa

---

[110] Karjala lehti 12.5.1918. Viipuri lehti 12.5.1918.

tappiolle. Tilanne Viipurissa oli 27.–28.4.1918 sekasortoinen, epätoivoinen ja hallitsematon. Punaisten puolustus oli luhistumassa. Osa punaisten johtajista oli paennut laivoilla Pietariin. Kuri joukoissa oli höllentynyt ja monet punakaartilaisryhmät toimivat omin päin. Kaupunkiin oli viimeisinä päivinä tullut joukoittain muualta paenneita punakaartilaisia, jotka olivat osallistuneet taisteluihin ja väkivallantekoihin muualla ja joilla oli myös tiedossa valkoisten tekemät väkivallanteot. Julmuuksia ja teloituksia oli tehty puolin ja toisin. Tähän joukkoon kuului myös Kaipiaisen joukko.

Viipuri oli 27.4. piiritetty. Rintamalinja kulki 27.–28.4.1918 lääninvankilan kohdalla Papulanlahden molemmin puolin. Valkoiset olivat jo kerran yrittäneet hyökätä Papulanlahden yli, mutta epäonnistuneet. Uutta hyökkäystä valmisteltiin 27.4. suurella tykistökeskityksellä. Lääninvankilan alueelle ammuttiin sekä tykeillä että konetuliaseilla. Vankilassa oli sekä poliittisia että rangaistusvankeja, työvuorossa olevia vartijoita, joukko henkilökuntaan kuuluvia ja heidän omaisiaan sekä muutama ulkopuolinen vankilaan tykistötulelta suojaan tullut.

Hjalmar (Jallu) Kaipiainen on kieltämättä Viipurin lääninvankilan murhenäytelmän keskeisin avainhenkilö.
Hän lähti kapinaan rivimiehenä, sillä hän ei ollut toiminut kovinkaan merkittävässä asemassa työväenliikkeessä. Hän oli pitkä, tumma, römeä-ääninen mies, johon luonnehdinta "jätkä" sopi hyvin. Eräs kaartilainen kuvailee häntä seuraavasti; " Kaipiaisella oli aina päässään punainen ranskalaismallinen hattu. Se oli hiton hyvä laulamaan. Sillä oli mahtava basso, jolla se hoilasi vallankumousmarssia. Kaipiainen oli itsepäinen ja joutui siksi useasti vaikeuksiin omiensakin kanssa. Jos joutui Kaipiaisen kanssa napit vastakkain, niin henki oli hiuskarvan varassa. Omatkin nimittivät häntä rosvo-Kaipiaiseksi."[111]

---

[111] Marko Tikka – Antti Arponen. Koston kevät. Lappeenrannan teloitukset 1918.

Jätkämäisellä rehvakkuudella Kaipiainen saavutti heti sodan alussa punaisten rintamakomentaja Viktor Ripatin suosion. Helmikuussa Ripatti tarvitsi Taipalsaaren rintamalle päällikön ja hän nimesi siihen Kaipiaisen. Kaipiaisella ei ollut mitään opillista sivistystä eikä kokemusta johtamisesta, mutta sota-aikana hän hoiti hommansa punakaartissa.

Punaisten vastarinnan romahdettua Savitaipaleella ja Joutsenossa Kaipiainen katsoi parhaaksi siirtyä Lappeenrantaan 24.4.1918 aamupäivällä.

Lappeenrannasta Kaipiainen antoi puhelimitse ohjeita joukoilleen Taipalsaaren kirkolle. Hän käski polttaa kirkonkylän ja kaikki viljat sekä tappamaan karjan niin, että " jäisivät veret sisään". Kaikkia käskyjä ei onneksi noudatettu. Kaipiaisen joukot pakenivat Taipalsaaresta seuraavana yönä. [112]

Lappeenrannasta Kaipiainen pakeni vielä samana päivänä joukkoineen rautateitse viimeisellä junalla Viipuriin saapuen sinne 24.4.1918 illalla. Hän majoittui joukkoineen Suomi hotelliin. 26.4.1918 vanhassa linnassa pidetyssä kokouksessa Kaipiainen nimitettiin Viipurin itäisen rintaman päälliköksi. Päällikkyys olisi kuulunut Viktor Ripatille, mutta Ripatti oli sortunut alkoholiin ja hävinnyt kuvasta.

Kaipiainen oli siis niissä poikkeuksellisissa oloissa merkittävä päällikkö, joka pystyi tekemään omia päätöksiä, jos niin halusi. Tuskin kukaan hänen esimiehistään sen enempää kuin kukaan muukaan noissa sekasortoisissa oloissa on antanut hänelle määräystä mennä lääninvankilaan. Kaikilta korkeimmilta päättäjiltä olisi tuskin ajatustakaan riittänyt lääninvankilan asioille. Heillä oli muuta ajateltavaa.

Miksi sitten Kaipiainen joukkoineen lähti lääninvankilaan? Itäisen rintaman päällikkyys olisi varmaan, jos hän olisi sitä tarmokkaasti hoitanut, vienyt hänen aikansa. Kaipiainen oli kuitenkin keskittynyt juopotteluun Suomi hotellissa eikä omien sanojensa mukaankaan juurikaan osallistunut punaisten puolustuksen johtamiseen.

---

[112] Taipalsaari 1918. Taipalsaaren 1918 sodan historiikkityöryhmä. 2005.

Kaipiainen itse kertoo kuulustelupöytäkirjassa olleensa lauantaina 27.4. kaupungilla ja nähneensä tulipalon lääninvankilan suunnalla. Hän päätti lähteä tarkistamaan asiaa. Selitys ei kuitenkaan poista epäilyä siitä, että lääninvankilaan lähtöä oli suunniteltu. Mukaansa hän oli ottanut miehiä lääninvankilan vieressä olleelta Papulan kasarmeilta. Lääninvankilasta hänen tarkoituksenaan oli viedä omien sanojensa mukaan vangit turvaan, koska lääninvankilan aluetta ammuttiin tykeillä valkoisten puolelta.

Tämä oli Kaipiaisen oma kertomus lääninvankilaan lähdön syistä. Kertomus ei kerro kaikkea. Tulipalo ei ollut vankilarakennuksessa ja toisaalta vankila muureineen ja vahvaksi rakennettuna tarjosi suojan niin vangeille kuin sinne suojaan tulleille muillekin ihmisille. Tunkeutuminen lääninvankilaan ja tapahtumien kulku siellä viittaavat selvästi jonkinlaiseen suunnitelmaan tulla vapauttamaan rikosvangit, aiheuttamaan sekasortoa ja epäjärjestystä vankilaan ja myös jonkinlaiseen kostoon poliittisille valkoiselle vangeille sekä henkilökunnalle. On täysin mahdollista, että väite vankilassa olleiden eräiden naisvankien lähettämästä kirjeestä Kaipiaiselle ja pyynnöstä tulla vapauttamaan heidät vankilasta, pitää paikkansa. Vedenpitävää todistusta siitä ei ole, mutta naisvankien käytös niin johtaja Stråhlmannia ammuttaessa kuin myös vahtimestari Ahlgrenia vankilasta etsittäessä ja ammuttaessa sekä heidän äänekkäät vaatimuksensa poliittisten vankien ampumisesta viittaavat naispuolisten rikosvankien aktiivisuuteen tapahtumien kulussa.

Yhtenä motiivina on pidetty kostoa sekä henkilökuntaa että poliittisia vankeja kohtaan. Se onkin totta. Niin Kaipiainen kuin monet muutkin lääninvankilan murhiin syyllistyneet olivat olleet vankilassa. Kaipiainenkin oli ollut useita kertoja niin Viipurin lääninvankilassa kuin pahamaineisessa Turun kuritushuoneessa, Kakolassakin, samoin Kimmon veljekset ja Elias Korttinen. Piskonen oli vapautunut 1917 vankilasta. Emil Ihalainen vapautui lääninvankilasta maaliskuussa 1918. Olot tuon ajan vankiloissa eivät olleet kehuttavat. Kuri oli kova. Ruoka huonoa. Kohtelukin henkilökunnan taholta oli usein huonoa väkivaltaistakin. Vankilan päiväohjelman ja järjestyssääntöjen noudattamista valvottiin tarkkaan ja rikkomuksista määrättiin ankarat rangaistukset. Yhtäkaikki vangit elivät vankiloissa, niin myös Viipurin lääninvankilassa, olosuhteissa, jotka olivat omiaan aiheuttamaan katkeruutta ja tyytymättömyyttä. Se osaltaan ei voinut olla vaikuttamatta katkeruuteen ja kostonhaluunkin. Tähän viittaa esimerkiksi vankilanjohtaja Stråhlmanin ja vahtimestari Ahlgrenin ampumiset. Johtaja ammuttiin vankilan toiminnasta kokonaisuudessa vastuussa olevana virkamiehenä. Johtajahan oli useiden vankien mielestä johtajakeskeisessä laitoksessa kaiken pahan alku ja juuri. Vahtimestari Ahlgren taasen oli vankilajärjestyksestä vastaava vahtimestari. Hänen virkatehtäviinsä kuului juuri kurinpito ja Ahlgren tunnettiin kovan kurin miehenä. Ahlgrenin uhriksi valikoitumisen motiivi oli selvästi kosto. Emil Ihalainen etsi jo ennen lääninvankilan murhia vankilan pastori Juha Frimannia omien sanojensa mukaan tappaakseen tämän. Lisäksi on mainittava lääninvankilan naisvankien osuus tapahtumien kulussa ilmoittajina, yllyttäjinä ja surmaajien tukijoina ja rohkaisijoina. Naisvankien vaikutus humaltuneisiin entisiin miesvankeihin oli merkittävä. Surmaajien joukossa oli myös joukkoon joutuneita, joilla ei ollut minkäänlaista rikollista menneisyyttä. Jos lääninvankilan tapahtumia tarkastellaan, niin ei voi olla havaitsematta vankilakokemusta omaavien silmiin pistävää osuutta tapahtumien kulun aktiivisina osallistujina.

Kaipiaisen viinahuuruisessa mielessä oli tietoisuus siitä, että loppu oli lähellä. Enää ei ollut mitään tehtävissä. Se, että sota oli hävitty ja oma hengenmenetys lähes varma, ovat olleet vaikuttavina houkuttimina kostoretkelle. Tampereen tapahtumat olivat varmasti Kaipiaisen tiedossa. Isän, Jaakko Kaipiaisen, teloittaminen Lappeenrannassa ei todennäköisesti ollut Hjalmarin tiedossa, vangitseminen kylläkin.
 Poliittisten vankien surmaamisen motiivina oli siis kosto. Poliittisia vankeja säilytettiin myös muualla Viipurissa. Vanhassa linnassa ja ruotsalaisella lyseolla oli yhteensä satoja poliittisia valkoisia vankeja. Niihin rakennuksiin ei Kaipiaisen joukkiolla ollut sellaista omakohtaista yhteyttä. Luontevampi ajatuskulku oli

entisellä vangilla poliittiseksi vankilaksi muuttuneeseen Viipurin lääninvankilaan.[113]

Oliko olemassa tappamisen suunnitelma? Hjalmar Kaipiainen kertoo, että ajatus lääninvankilaan menosta syntyi, kun hän näki tulipalon lääninvankilan suunnalla ja että hänen tarkoituksenaan oli mennä apuun. Näin tuskin oli. On todennäköistä, että lääninvankilaan menosta ja yleensä lääninvankilasta on keskusteltu Suomi-hotellin ryyppyporukassa. Keskustelua on aktivoinut mahdollisesti lääninvankilan vankinaisilta saatu pyyntö tulla vapauttamaan heidät vankilasta. Keitä kaikkia Suomi hotellissa oli ja keitä siellä kävi ja keitä Kaipiainen siellä tai kaupungilla tapasi ei ole tietoa. Olettaa kuitenkin sopii, että Kaipiainen tapasi siellä myös monia entisiä tuttuja vankila-ajoiltaan. On myös oletettavaa, että Emil Ihalainen niminen punakaartilainen kuului tähän joukkoon.
Emil Ihalainen oli myös entinen vanki. Hänet oli vapautettu vankilasta 8.3.1918 punaisten kansanvaltuuskunnan määräysten perustella. Hän oli vapauduttuaan liittynyt heti punakaartiin. Viipuriin Ihalainen saapui viimeistään 26.4. Hän oli kotoisin Viipurista ja asui perheensä kanssa Tiiliruukissa. Ihalainen liikkui kaupungilla. Hänen tiedetään kyselleen Mikonkadulla lääninvankilan pastorin Juho Frimanin osoitetta. Kun häneltä udeltiin, mihin hän osoitetta tarvitsi, niin Ihalainen oli vastannut, että "hän menee ja ampuu sen ja että ihmishenki ei nyt paljoa maksa." Frimania hän ei löytänyt, mutta lausahdus kuvastaa Ihalaisen mielialaa ja on yhdistettävissä katkeruuteen ja kostonhaluun vankilan virkamiestä kohtaan. On myös oletettavaa, että Ihalainen tapasi myös Kaipiaisen.

Ihalainen tuli sitten lauantaiaamuna 27.4. lääninvankilan portille joukkonsa kanssa ja pääsi sisälle. Hän vaati vahtimestari Mannermaata luovuttamaan henkilökunnan käytössä olleet pistoolit ja kertoi vievänsä ne esikunnan herroille. Pyyntöään hän perusteli sillä, että kivääriä oli vaikea kantaa ratsailla ollessa.

---

[113] Teemu Keskisarja. 2013.

Mannermaa myöntyikin painostuksen alla ja Ihalaiselle luovutettiin 5 kpl pistooleita. Ihalainen kuittasi kyllä nämä saaduksi ja ilmoitti tuovansa tilalle 12 kivääriä. Sen jälkeen Ihalainen poistui vankilasta ja palasi sinne vasta seuraavana päivänä.

Ei ole tietysti kaukaa etsitty ajatus siitä, että liittyikö tämä Ihalaisen aamuinen käynti lääninvankilassa ja henkilökunnan aseiden ottaminen Kaipiaisen tuloon illansuussa vankilaan. Haluttiinko henkilökunnan aseiden pois ottamisella varmistaa Kaipiaisen pääsy vankilaan? Kaipiaisen kuulustelupöytäkirjan mukaan Kaipiainen ainakin tiesi, että lääninvankilassa oli jo käyty aamupäivällä 27.4.

Ihalaisen käynti 27.4. aamulla vankilassa ja aseitten vienti huomioitiin myös aikanaan valtiorikosoikeudessa Ihalaisen osuutta tapahtumiin selvitettäessä. Oikeudenkäynnissä kaksi oikeuden jäsentä viidestä oli sitä mieltä, että aseet ryöstettiin, niin kuin he totesivat, "tarkoituksena tehdä vartijat kykenemättömiksi puolustamaan poliittisia vankeja ja itseään ja päätettyjä tekeillä olevia väkivaltaisuuksia poliittisten ja vartijain murhia vastaan".
Mitään näyttöä ei kuitenkaan oikeudessa esitetty tapauksien liittymisestä toisiinsa, eikä siis suunnitelmallisesta toiminnasta tässä suhteessa ollut todistettavaa näyttöä. Kiistatta Ihalainen oli ollut murhapaikalla ainakin kahteen otteeseen. Lauantaiaamuna hän oli hakemassa vartijoiden aseita, jotka hän sitten saikin. Toisen kerran hänet nähtiin vankilassa sunnuntaina 28.4. aamulla. Hän oli sen joukon johtaja, joka mursi vankilan kassakaapin. Kukaan henkilökunnasta ei tunnistanut Ihalaista yöllä vankilassa olleiden punakaartilaisten joukosta. Yksi todistaja kertoi, että Ihalainen saattoi olla käymässä perheensä luona myös murhayönä. Oman kertomansa mukaan Ihalainen olisi ollut murhayönä kotonaan ja lähtenyt aamulla 28.4. viemään lupaamiaan kivääreitä lääninvankilaan.
Asiakirjojen valossa Ihalaista ei voida pitää osallisena murhiin. Hänen roolinsa taustavaikuttajana vankilaan lähtemisen suunnittelussa jää kuitenkin epäselväksi. Ihalainen oli kyllä takapiruksi kelpo ehdokas, muttei varma. Ihalainen oli juonikas

selviytyjätyyppi, joka epäilemättä valehteli henkensä edestä kuulusteluissa.[114] Ihalainen vältti kuolemantuomion. Hänet tuomittiin elinkautiseen kuritushuonerangaistukseen ja hänen tuomiotaan alennettiin 8 vuoden kuritushuonerangaistukseksi 18.3.1921. Rangaistukseen sisältyi kansalaisluottamuksen menetys 15 vuodeksi yli vapausrangaistuksen. Ihalainen laskettiin ehdonalaiseen vapauteen 30.1.1925.[115]

Eittämättä Kaipiainen tunsi lääninvankilan. Vankina siellä ollessaan tutustuminen paikkoihin, henkilökuntaan ja myös henkilökunnan aseistukseen oli helppoa. Hän saattoi tietää, että henkilökunta ei ollenkaan kokonaisuudessaan ollut mitenkään innostunut vallankumouksesta. Sitä osoitti jo vankilakomissaarin ja vankilaneuvoston valitsemisen vaikeus. Vankilan johtajaksi jäänyttä Mannermaata pidettiin yleisesti varsin humaanina vankilavirkailijana. Hän oli selvästi enemmän valkoinen kuin punainen, mutta pystyi toimimaan perinteellisenä, tunnollisena virkamiehenä noissa poikkeuksissa oloissa. Vankilan tiilimuuri oli korkea ja portti tukeva. Mannermaa oli jo 24.4. antanut henkilökunnalle määräyksen siitä, että vankilan portit on pidettävä kiinni. Ketään asiatonta ei saanut laskea sisään. Vankila olikin noissa oloissa ulkoisilta puitteiltaan varsin turvallinen paikka vankkoine rakennuksineen. Mannermaa olikin ottanut vankilaan turvaan henkilökunnan perheenjäseniä ja myös muita siviileitä. Vankila oli tavallaan kuin linnake, jota ympäröi korkea muuri. Muurin sisällä toimi henkilökunta, joka oli aseistettu ja ammattitaitoinen. Henkilökunta oli tottunut käyttämään aseita ja hillitsemään väkivaltaisuuksia. Lisäksi suurin osa henkilökuntaa oli tunnollisia virkamiehiä, joiden suhtautuminen kapinallisiin ja yleensä vallankumoukseen oli vähintään epäilevä, etenkin kun vastassa saattaisi olla entisiä vankeja. Lisäksi vankilassa oli siviileitä ja poliittisia vankeja, jotka saattaisivat ryhtyä vastarintaan. Edelleen oli tiedossa, että vankilan johtajana toiminut Mannermaa tunnettiin virkamiehenä, joka nautti sekä alaistensa että poliittisten vankien luottamusta.

---

[114] Keskisarja, Teemu. 2013.
[115] Ek-Valpo I henkilökortti. KA

Lisäksi oli oletettavissa, että myös poliittiset vangit ryhtyisivät vastarintaan. Tämän kaiken tietäen Kaipiainen saattoi arvella, että vankilaan sisälle pääsy saattaisi olla vaikeaa. On mahdollista ajatella, että henkilökunnan aseet haettiin Ihalaisen toimesta pois, jotta niistä ei olisi estettä Kaipiaisen tulolle vankilaan. Olisi hyvinkin ollut mahdollista, että henkilökunta olisi aseellisesti vastustanut Kaipiaisen tuloa vankilan sisälle. Sisällissodan aikana näin kävi Turun keskusvankilassa. Siellä punaisten joukko, joutuessaan perääntymään Turusta, päättivät vapauttaa Kakolan vankeja. Väkivalloin vapauttaminen ei onnistunut, koska vankilan vartijat avasivat tulen punakaartilaisia vastaan. Viipurissa Kaipiainen joukkoineen pääsi sisälle vankilaan takapihan pikkuportin kautta yllättäen.

Suunnitelmallisuuteen viittaa myös se, että tullessaan tarkastukseen tapahtumien tarkastusryhmä löysi vankilan pääporttiin kiinnitetyn trotyylipanoksen, jolla arveltiin aiotun räjäyttää portti auki, jos ei olisi muuten sisään päästy.

On sanottu, että Kaipiaisen joukko oli Viipuriin tultuaan jättänyt jo sotimiset sikseen ja keskittynyt juopotteluun. Alkoholia olikin ilmiselvästi runsaasti saatavilla. Kerrotaan, että Kaipiaisella oli mukanaan Viipurissa Lappeenrannan punaisten esikunnan viinaksia ja että varastoa olisi täydennetty ostamalla Viipurista varastetuilla rahoilla lisää paikallisesta apteekista. Viinaa siis oli ja sitä juotiin. Suomi hotellissa ryypättiin reilusti, mutta kuinka humalassa sitten todella oltiin, on vaikea arvioida. Kuulustelu ym. käytettävissä olevien asiakirjojen mukaan Kaipiainen oli kuitenkin toimintakunnossa, tosin selkeässä humalassa. Hän oli ahdistunut, stressaantunut ja selvästi humalassa, mutta hän oli säilyttänyt ajantajun ja ymmärsi tilanteen toivottomuuden. Kaipiainen kyllä pystyi tekemään suunnitelmankin lääninvankilaan pääsemiseksi. Hän ei ollut tolkuttomassa humalassa. Hän tiesi, että lääninvankila oli suljettu. Sitä ympäröi vahva ja korkea muuri ja lisäksi henkilökunta oli aseistettu. Kaipiainen myös tiesi, että lääninvankilaan pääsy, mikäli henkilökunta ryhtyisi vastustelemaan, tuottaisi vaikeuksia. Oli siis laadittava jonkinlainen suunnitelma. Tältä pohjalta on ajateltavissa, että myös Ihalaisen käynti aamulla 27.4. liittyi suunnitelmaan mennä lääninvankilaan myöhemmin päivällä. Se olisi helpompaa, kun henkilökunnalla ei olisi aseita.

On selvää, että Kaipiaisen joukossa Suomi hotellissa, kuten muuallakin, puhuttiin sotatilanteesta. Se oli varmasti keskeisin keskustelunaihe. On mahdollista, että tässä piirissä syntyi ajatus lääninvankilassa olleiden rikosvankien vapauttamisesta. On myös jokseenkin varmaa, että pyyntöjä vankilasta tuli muodossa tai toisessa Kaipiaisenkin tietoon. Tosiasiahan oli se, että lääninvankila toimi jokseenkin normaalisti, sillä siellä pidettiin niitä rikosvankeja, jotka sinne oli joko punaisten tai aikanaan valkoisten sinne toimittamia. Kaikki rikosvankeja ei punaisten vallan aikana ollut vapautettu, vaikka punaiset armahtivatkin lukuisen määrän lähinnä pikkurikollisia. Kaipiainen entisenä vankina varmaan tunsi sympatiaa näitä vankeja kohtaan. Toisaalta Kaipiainen tiesi, että lääninvankilassa oli myös poliittisia valkoisia vankeja, jotka Kaipiainen koki vihollisiksi. Heidän henkensä ei ollut minkään arvoinen, etenkin kun Kaipiainen tiesi valkoisten suorittamat teloitukset, ehkä myös isänsä ampumisen Lappeenrannassa. Kun tähän lisätään Kaipiaisen antipatiat vankilan henkilökuntaa kohtaan, voidaan olettaa koston halun olleen yhtenä motiivina lääninvankilaan lähtöön ja tapahtumiin siellä.

Todennäköisenä onkin pidettävä sitä, että ajatus ja suunnitelma lääninvankilaan menosta syntyivät Kaipiaisen joukon Suomi hotellissa käytyjen keskustelujen pohjalta. Vaikuttimena olivat lääninvankilassa olleiden rikosvankien taholta tulleet pyynnöt, kostomieliala sekä poliittisia vankeja että henkilökuntaa kohtaan. Päätökseen lähteä lääninvankilaan vaikutti myös sotatilanteen toivottomuus Viipurissa ja myös odotettavissa oleva kohtalo valkoisten vallatessa Viipurin. Ajatuksena oli vapauttaa siellä vielä olleet rikosvangit, kostaa poliittisille valkoisille vangeille kaikki, se mitä punaiset omalta osaltaan olivat saaneet kokea sekä osoittaa henkilökunnalle, kuka vankilassa vielä määrää. Koska tiedettiin, että vankilaan pääsy saattaisi tuottaa vaikeuksia, laadittiin suunnitelma henkilökunnan aseiden haltuun ottamisesta. Suunnitelmaan kuului myös vankilan portin räjäyttäminen, jos portti ei olisi muuten auennut. Onnekasta Kaipiaisen joukolle oli se, että takapihan portti oli poikkeuksellisesti auki tulipalon takia ja he pääsivät vankilan sisälle yllättäen, jolloin henkilökuntakaan ei ehtinyt reagoida sisälle tunkeutumiseen mitenkään. Päivällä aseistukseksi menetettyjen pistoolien sijaan hankitut kiväärit panoksineen jäivät punaisille heti vankilan tunkeutumisen alkuhetkinä.

Kaipiaisen joukon päästyä vankilan sisälle selvisi Kaipiaisen tavoite surmata valkoiset poliittiset vangit ja vapauttaa rikosvangit. Poliittisten vankien erottaminen muista vangeista ja sijoittaminen yhteishuoneeseen eli rumaan ja uhkaus ampumisesta, oli selvästi suunnitelmallista.

Se, että murhaaminen sitten kohdistui myös vankilan henkilökuntaan, ei ollut poliittinen kosto, sillä paikalla olleet vankilaa käytännössä johtanut Mannermaa ja vartijat olivat päätöksillään jääneet hoitamaan tehtäviään punaisen vallan alaisina ja olivat siten tavallaan hyväksyneet vallankumouksen. Motiiviksi henkilökunnan jäsenten murhien osalta jääkin pelkkä kosto, joka pohjautui heidän katkeruudestaan virkavaltaa kohtaan.

Kaikkien murhien ja koko murhenäytelmän taustalla oli mieletön sisällissota raakuuksineen, rintamaväsymys, stressi ja tietoisuus tilanteen toivottomuudesta ja tilanteeseen liittynyt tolkuton alkoholin käyttö

Lähes sadan vuoden päästä tilannetta arvioitaessa saatavissa olevien asiakirjojen perusteella on päädyttävä toteamukseen, että ajatus ja ainakin jonkinlainen suunnitelma lääninvankilaan lähdöstä syntyi Kaipiaisen porukassa Suomi – hotellissa ja se toteutettiin Kaipiaisen päätöksellä ja hänen suunnitelmansa mukaisesti. Tähän suunnitelmaan liittyi Ihalaisen käynti vankilassa. Suunnitelmaan kuului apujoukon hakeminen Papulan kasarmeilta, lääninvankilaan tunkeutuminen ja rikosvankien vapauttaminen sekä myös väkivaltaisuudet henkilökuntaa kohtaan.

11. Liitteet

Liite 1

Viipurin lääninvankila sisällissodan aikana 1918

Tapahtumien kulku

19.1.1918 Nk. Pietisen kahakka Viipurissa.

27.1.1918 Sisällissodan syttymisen merkiksi Helsingin työväentalon torniin sytytetään lyhty.

28.1.1918 Kansanvaltuuskunta, joka vastasi laillista hallitusta punaisten organisaatiossa, aloittaa toimintansa. Eduskuntaa vastaa työväen pääneuvosto.
Kansanvaltuuskunta jakaantuu 11 osastoon, joista oikeusasiainosaston alaisuuteen kuului vankeinhoitolaitos. Vankeinhoitohallituksen nimi muutetaan vankeinhoitoneuvostoksi.

1.2.1918 Helsingin lääninvankilan vartija Felix Ahti nimitetään vankeinhoitoneuvoston ylikomissaariksi.

4.2.1918 Kansanvaltuuskunta antaa määräyksen vankiloiden hallinnosta Vankiloiden johtajien tilalle tulevat komissaarit ja vankiloiden johtokuntien tilalle neuvostot.

8.2.1918 Viipurin lääninvankilan vartijayhdistyksen puheenjohtaja kutsuu koolle jäsenet valitsemaan vankilalle komissaariota ja neuvostoa. Lähes kaikki valitut kieltäytyivät tehtävästä.

Pidettiin uusi kokous, mutta siinäkään ei saatu valituksi neu-
vostoa eikä komissaaria.

14.2.1918 Pidettiin jälleen vartijayhdistyksen kokous. Kokous pidettiin,
koska punaiset esittivät kirjallisen uhkauksen ja määräyksen
valita komissaari ja neuvosto. Tällä kertaa valinta onnistui.
Neuvosto saatiin valittua eikä valitut saaneet kieltäytyä.

14.2.1918 Vankilan komissaariksi kansanvaltuuskunta valitsi Hjalmar
Tammilaakson, joka oli SDP:n piirisihteeri. Tammilaakson
jälkeen komissaariksi vähäksi aikaa tuli Otto Manninen.

14.2.1918 Vankilan johtaja Stråhlman, apulaisjohtaja Helle Rusama ja
johtokunnan jäsenet vangittiin. Heidät vietiin tutkittavaksi,
mutta vapautettiin. Vankilan johtamiseen he eivät enää osal-
listuneet. Vankilaa johti komissaari ja neuvosto. Käytännössä
vankilan toiminnasta vastasivat työhönsä jääneet vartijat ja
vahtimestari Alfred Mannermaa.

19.2.1918 Vartijayhdistyksen kokouksessa asetettiin yksimielisesti komis-
saariehdokkaaksi vartija August Järvenpään.

20.2.- 23.4. Lääninvankila toimii punaisen vallan noudattaen entistä
päiväjärjestystä.

1918 Suurempia järjestyksenpito-ongelmia ei ole. Vankien ruoanpidosta,
terveydenhoidosta ja puhtaanapidosta huolehditaan niin kuin
mahdollista. Tähän pystytään, koska ammattitaitoinen perushenkilö-
kunta, lähinnä vartijat, jäävät hoitamaan tehtäviään.

24.4.1918 Suunnitelma vapauttaa lääninvankilassa olleet valkoiset poliittiset vangit epäonnistuu.

24.4.1918 Punapäällikkö Hjalmar Kaipiainen saapuu Viipuriin.

26.4.1918 Hjalmar Kaipiainen osallistuu Viipurin linnassa pidettyyn kokoukseen, jossa hänet valitaan Viipurin itäisen rintaman päälliköksi.

27.4.1918

klo 7 – 8 Lääninvankilaan saapuu punapäällikkö Emil Ihalainen. Hän vaatii vartijoiden pistooleita " esikunnan herroille". Vaatimusta vastustetaan ensin jyrkästi, mutta 5 kpl pistooleita luovutetaan Ihalaiselle " jotta hänestä päästäisiin eroon". Ihalainen lupaa toimittaa pistooleiden tilalle kiväärejä vankilaan.

klo 13- 15 Vankilassa päätetään yrittää hankkia menetettyjen pistooleiden tilalle aseita kaupungilta. Aseita hankkimaan lähetetään kaksi henkilökuntaan kuuluvaa ja poliittinen valkoinen vanki. Joukko palaa vankilaan n klo 15.00 mukanaan 10 kivääriä ja panoksia.

klo 15.00 Punapäällikkö Hjalmar Kaipiainen lähtee hotelli Suomesta. Hän käy Papulan kasarmeilla, josta hakee punakaartilaisia mukaansa.

klo 1600 Vankilan alueella syttyy tulipalo.

klo 18.00 Kaipiaisen joukko pääsee vankilan takaportista vankilan sisäpihalle ja sieltä vankilarakennuksen sisään.

klo 18.30 Vankilan sellien ovet on avattu ja kaikki vangit on kerätty ensimmäisen kerroksen käytävälle. Kaipiainen aloittaa vankien

kuulustelun tarkoituksena erotta poliittiset valkoiset vangit
muista vangeista.
Kaipiainen ampuu Tuomas Kiisken.

klo 18.45 Poliittiset vangit siirretty ensimmäisen kerroksen yhteishuo-
neeseen eli ruumaan. Kaipiainen ilmoittaa tappavansa heidät ja
antaa 25 minuuttia valmistautumista varten.

klo 19.00 Vahtimestari Ahlgrenia etsitään vankilasta. Hänet löydetään
naisvankien neuvojen mukaan kellarikerroksesta. Hänet
ammutaan.

klo 19.15 Kaipainen tulee yhteissellin ovelle ja määrää 4 miestä käytä-
välle. Pietinen, Ikonen, Tallgren ja Mielonen menevät. Heidät
ammutaan.

klo 19.30 Kaipiainen tulee toistamiseen yhteishuoneen ovelle ja määrää
neljä seuraavaa miestä käytävälle. Nyt yhteishuoneen vangit Taavi
Siltasen johdolla hyökkäävät käytävälle. Kaipainen haavoittuu Siltasen
ampumana. Hyökkäys epäonnistuu ja vangit joutuvat perääntymään
takaisin yhteishuoneeseen. Vain Siltanen, Jahnukainen, Puhakka ja
Kekki pääsivät läpi ja piiloutuivat eri puolille vankilaa. Hyökkäyksessä
saivat surmansa ainakin Inkinen, Wahl ja monet haavoittuivat.

klo 19.30 Kaipiaista lähdetään viemään hoidettavaksi paareilla. Ennen
lähtöään hän luovuttaa joukon päällikkyyden Albin Piskoselle.

klo 19.30 Vangit yrittävät vielä uudelleen hyökkäystä ulos sellistä, mutta
joutuvat perääntymään takaisin ruumaan. Tässä yrityksessä kuolee
ainakin Tilli ja   Kemppi haavoittuu. Vangit rakentavat barrikaadin
estääkseen punaisten pääsyn selliin ja ampumisen. Barrikaadi ei

suojaa ampumiselta ja useat vangit kuolevat ja haavoittuvat.
Täydentääkseen tuhoja punaiset heittävät kolme kranaattia
yhteishuoneeseen   Illan ja yön aikana yhteishuoneessa kuolevat vielä
Jääskeläinen, Karonen, Kemppi, Kling, Komonen, Leppänen, Liikka,
Paaso, Peltola, Pohjola, Puhakka ja Rusi. Iltayön aikana ammutaan
Stråhlman ja Toikander ensimmäisen kerroksen käytävällä. Vartijoiden
tiloissa ammutaan Mannermaa, Jokinen Laakkonen ja Pylkkänen.

28.4.1918

klo 01—03 Vankilassa hiljaisempaa.

klo 03 –o4 Ampuminen vankilassa alkaa taas ja jatkuu klo 06 asti.

klo 05-06 Piskosen joukko poistuu vankilasta.

klo 06.30 Elossa olevat yhteishuoneen vangit antautuvat ja tulevat
käytävälle. Vakavasti haavoittunut Yrjö Pärnänen ammutaan.
Paavo Viitanen ammutaan naisten osastolla. Ulosryntäyksessä läpi
päässet ja piiloutumaan onnistuneet Siltanen ja Kekki löydettiin.
Muut elossa olevat vangit sijoitetaan kolmeen naisosaston selliin.

klo 07.00 Kellarissa olleet siviilihenkilöt kootaan ja viedään Papulan
kansakoululle.

klo 07.30 Punapäällikkö Emil Ihalainen saapuu vankilaan. Keskustelujen ja
selvitysten jälkeen haavoittuneet viedään hoidettaviksi ja muut
hotelli Andrean kautta keskuskasarmille, josta heidät vapautetaan.

29.4.1918 Valkoiset valtaavat Viipurin.

30.4.1918 Lääninvankilan tapahtumia ryhdytään tutkimaan.

1.5.1918 Ensimmäiset lääninvankilan surmatekoihin osallistuneet
ammutaan.

11.5.1918 Lääninvankilassa surmattujen hautajaiset.

14.5.1918 Sisällissota päättyy.

LÄHDELUETTELO

Antikainen, Marjo-Riitta. 2003. Sääty, sukupuoli, uskonto, Mathilda Wrede ja
yhteiskunnan muutos 1883- 1913. Helsinki. Suomalaisen kirjallisuuden seura.
Helsinki. Hakapaino.

Avain asemassa. 1995.Vankilavirkalijain Liiton vaiheita vuosilta 1895-1995.
Juhlajulkaisu. Lappeenranta. Lappeenrannan kirjapaino Oy.

Boström, H J 1927: Sankarien muisto. Suomen itsenäisyyden ja vapauden puolesta
henkensä antaneiden kansalaisten elämänkertoja. Helsinki. Kustannus Oy Kirja.

Castren, Kaarlo. 1926. Punaisten hirmutyöt vapaussodan aikana. Sitä varten, että
totuus ei unohtuisi. Helsinki. Kustannus Oy Kirja.

Eerola, Jari & Eerola, Jouni 1998: Henkilötappiot Suomen sisällissodassa 1918.
Turenki. Jaarli.

Grotenfelt, A & Ehrström, G 1866: Undernådig berättelse om tillståndet i finlands
fängelser jemte förslag till provisionell reform af detsamma. Helsingfors. Kaiserliga
Senatens tryckeri.

Karila, Karl: Muistelmat. Suomen Vapaussodan itsenäisyysarkisto. KA.

Keskisarja, Teemu 2013: Viipuri 1918. Helsinki. Kustannusosakeyhtiö Siltala.

Kettunen, Kyösti 1992: Tiilenpuremat. Vankeinhoidon perinne- ja kaskukirja. Oikeusministeriön vankeinhoito-osaston julkaisuja 2/1992. Helsinki. Valtion painatuskeskus.

Komiteamietintö 1873

Marttinen, Seppo 2006: Viipurin lääninvankilan historia. Vankeinhoidon koulutuskeskus.Acta Poenologica 2/2006

Marttinen, Seppo 2015: Suomen vankilat 1918. Vankiloiden toiminta v. 1918 sisällissodanaikana. Rikosseuraamusalan koulutuskeskus. Acta Poenologica 1/2015

Nurmio, Heikki 1919: Viipurin valloitus. Helsinki. Ahjo.

Paavolainen, Jakko. 1967. Poliittiset väkivaltaisuudet Suomessa 1918. Punainen terrori. Helsinki. Tammi.

Raekallio, Ilmari 1928: Wiipurin linna; sen vaiheet ja nähtävyydet. Suomen matkailijayhdistys Viipurin osasto.Näköispainos Jyväskylä 1993. Gummerus.

Rinta-Tassi, Osmo. 1986. Punaisen Suomen historia 1918. Kansanvaltuuskunta punaisen Suomen hallituksena. Helsinki. Valtion painatuskeskus.

Ruuth, J.W 1931 Viipurin kaupungin historia osa 1. Lappeenranta. Etelä-Saimaan kustannus.

Sotasurmat 1914 -1922. KA.

Suomen kansanedustajat 1907 – 2000. 2000. Eduskunnan matrikkelitoimikunta. Eduskunta.

Suomen vankeinhoidon historiaa osa 2. Toim.Jussi Nuorteva 1989: Suomen vankeinhoidon matrikkeli 1881- 1988. Oikeusministeriön vankeinhoito-osasto, Helsinki

Taipalsaaren 1918 sodan historiikkityöryhmä 2006. Taipalsaari 1918. Imatran kirjapaino.

Tikka, Marko & Arponen, Antti 1999: Koston kevät. Lappeenrannan teloitukset 1918. Helsinki. WSOY.

Vanhala, Otto: Muistelmat. Suomen Vapaussodan itsenäisyysarkisto. KA.

Viipurin kirja. 1958. Muistojulkaisu. Torkkelin säätiö, Pieksämäki. Sisälähetysseuran Raamattutalon kirjapaino.

Virtanen, Veikko 1944. Suomen vankeinhoito 1 osa. 1808- 1862. Helsinki. Suomalaisen kirjallisuuden seuran kirjapaino.

Wärnhjelm, Eli- Margareta 1918. I väntan på friheten. Helsingfors. Schildt.

Arkistot ja kirjastot

EteläKarjalan museo

Hämeenlinnan maakunta-arkisto

Kansallisarkisto

Kansalliskirjasto

Kriminologinen kirjasto

Turun maakunta-arkisto

Sanomalehdet

Karjala

Vankeinhoito

Wibogsbladet

Wiipuri

Östra Nyland

Valokuvat

Etelä-Karjalan museo

Juha Lankisen kokoelma

Marttinen Seppo

Museovirasto

Vankilamuseo